江苏省档案人才"151工程"系列丛书

主　编　谢波
副主编　赵深　欧阳旭明　陈万田

卜鉴民 等 编著

改制企业档案管理
实践与创新

苏州大学出版社
Soochow University Press

图书在版编目(CIP)数据

改制企业档案管理实践与创新 / 卜鉴民等编著. —苏州：苏州大学出版社，2017.11
(江苏省档案人才"151工程"系列丛书 / 谢波主编)
ISBN 978-7-5672-1905-2

Ⅰ.①改… Ⅱ.①卜… Ⅲ.①企业管理－档案管理 Ⅳ.①G275.9

中国版本图书馆CIP数据核字(2017)第264807号

改制企业档案管理实践与创新

卜鉴民 等 编著

责任编辑 张 希

苏州大学出版社出版发行
(地址：苏州市十梓街1号 邮编：215006)
镇江文苑制版印刷有限责任公司印装
(地址：镇江市黄山南路18号润州花园6-1号 邮编：212000)

开本 700 mm×1 000 mm 1/16 印张15 字数230千
2017年11月第1版 2017年11月第1次印刷
ISBN 978-7-5672-1905-2 定价：48.00元

苏州大学版图书若有印装错误，本社负责调换
苏州大学出版社营销部 电话：0512-65225020
苏州大学出版社网址 http://www.sudapress.com

江苏省档案人才"151工程"系列丛书总序

为深入贯彻新发展理念,江苏省档案局于2016年启动实施江苏省档案人才"151工程",旨在将选拔出的在全省档案行政、业务和专业技术领域业绩优异,并在档案学术研究方面具有发展潜力的三个层次优秀人才,分别培养为在全国有影响力的首席专家、省内有较高水平的高级专家和地区中青年业务骨干,建立有梯度的档案干部队伍,为江苏档案事业可持续发展提供智力支持和人才保证,形成江苏档案事业发展合力。

2017年4月,以"151工程"为重要内容的《江苏省"十三五"档案人才发展规划》首次被纳入江苏省人才队伍建设专项规划,江苏档案人才培养获得了快速发展的有利时机。随着"151工程"实施方案的推进,高端培训、学术研讨、科技项目申报等各项培养工作也已次第展开。

"著书立说"作为对研究者理论学术水平最全面、客观的评价方式,是一代代学人亘古不变的追求,也应是"151工程"高层次培养对象努力的目标。出版"151工程"系列丛书,既是对"151工程"培养对象学术水平的检验,也是对"151工程"实施成效的检验。

我们不仅鼓励有能力的培养对象独著出书,也鼓励高层次培养对象组建团队合著成书,以带领低层次培养对象共同研究,发挥引领作用;不仅鼓励出版档案工作创新研究的专著,也鼓励出版江苏地方史研究的专著;不仅鼓励出版阳春白雪的学术论著,也鼓励出版通俗易懂的档案文化口袋书,以形成江苏档案学术研究百花齐放的局面。

人才培养任重而道远,愿在大家的共同努力下,"151工程"系列丛书枝繁叶茂,结出累累硕果。

是为序。

江苏省档案局局长 谢 波

序

随着我国社会主义市场经济深入发展，占经济主导地位的国有（集体）企事业单位体制改革成为我国市场经济体制改革中的一道亮丽风景。改制企业档案资源，作为国有（集体）企事业单位发展见证的重要产业遗产，也正是国有（集体）企事业单位产权制度改革这一特定历史时期的独特产物。如何对改制企业档案资源进行科学管理，为档案工作者提出了一个新的课题，同时也给档案工作者提供了一次展示智慧和创意的契机。

形成于21世纪初的改制企业档案管理"苏州模式"，立足于这样一个大的时代背景，对我国改制企业档案工作如何适应时代要求进行了有益的探索。在对属于国有资产的改制企业档案资源处置工作过程中，苏州档案工作者创造性地将国有（集体）企业改制中属于国有资产的珍贵档案资源进行集中统筹管理，通过充分发挥档案资源的凭据价值，解决原企业职工和人民群众对档案资源利用的需求，为维护社会公众的利益提供有效服务。"苏州模式"的产物——苏州市工商档案管理中心，是国家综合档案馆的延伸，它的建立为开发利用改制企业档案资源提供了新思路，为改制企业档案管理积累了独特经验。

在中国档案事业发展进程中，"苏州模式"开创了企业档案管理的新的里程碑。它明确了改制企业档案资源的归属与流向，提出了改制企业档案资源处置方案的设计建议，制定了改制企业档案的处置原则与具体处置方式，坚定了对改制企业档案资源进行集中统一管理的设想，从实践角度对改制企业档案资源管理进行了富有成效的研究和探索。在理论方面，"苏州模式"探讨和研究了我国改制企业档案工作的若干热点、难点和焦点问题，提出了诸多具有建设性的学术观点和政策建议，发展了企业档案管理学理论，丰富了档案学应用理论的研究内容。在改制企业档案管理工作"苏州模式"不断完善并日趋成熟之际,对其理论、方法、经验进行总结,并汇集成书,是一件非常难得且有现实意义的事情。

更为可贵的是,"苏州模式"经过多年的实践和创新,在形成之初集中抢救保护改制企业档案资源的基础上,对改制企业档案管理理论体系进行了深化和发展。通过对集中保管的改制企业档案资源进行发掘,苏州市工商档案管理中心具有苏州和中国特色的30多万件"近现代苏州丝绸样本档案"走出深闺,于2016年入选《世界记忆亚太地区名录》,成为世界级档案文献遗产瑰宝;通过与高校和企业合作开展保护技术研究,共建"苏州传统丝绸样本档案传承与恢复基地",以档案中的丝绸样本和技术资料为依据,恢复、传承了失传或濒临失传的丝绸生产工艺,沉睡在档案中的苏州传统丝绸焕发了新的生机和活力。2015年,经国务院办公厅批准,国内首家专门的丝绸档案馆——中国丝绸档案馆落户苏州,丝绸档案征集大格局初步形成,为丝绸档案规范化管理和可持续发展提供了有力保障。

本书所讨论的问题均来源于改制企业档案工作实践,这也是本书的一大亮点。作者在大量调查、研究的基础上,探讨改制企业档案资源管理的新模式,除了上述"苏州模式"外,还对江苏、辽宁、浙江、广东等多地档案部门的改制企业档案资源管理工作进行探讨,形成了丰富的调研成果,相关实践经验和案例也值得一读。

应著者之邀,谈点感想,是为序。

张斌

中国人民大学信息资源管理学院院长、
教授、博士生导师

目 录

第一编 改制企业档案资源的处置研究

第一章 企业改制的背景、需求与现状 …………………………（ 3 ）
第二章 企业改制的相关概念 ……………………………………（ 36 ）
第三章 国外（改制）企业档案管理概况 ………………………（ 39 ）
第四章 改制企业档案资源集中统一管理的必要性与可行性 ……（ 45 ）
第五章 改制企业档案处置细则设计 ……………………………（ 50 ）
第六章 改制企业档案价值鉴定指南设计 ………………………（ 63 ）
第七章 改制企业档案管理工作优化建议 ………………………（ 68 ）

第二编 改制企业档案管理处置办法及价值鉴定指南

第一部分 改制企业档案处置办法（建议稿）…………………（ 76 ）
第二部分 改制企业档案价值鉴定指南（建议稿）……………（ 87 ）
附：改制企业档案接收鉴定表（建议稿）………………………（ 93 ）

第三编 部分地区改制企业档案管理调研报告

第一章 辽宁省改制企业档案资源管理工作调研报告…………（111）

第二章 浙江省改制企业档案资源管理工作调研报告…………（127）

第三章 广东省公有改制企业档案工作现状、问题及对策………（138）

第四章 江苏省改制企业档案管理情况调研报告………………（145）

第五章 佛山市企业档案工作和改制企业档案资源管理工作调研报告
……………………………………………………………（149）

第六章 苏州市改制企业档案资源管理工作情况调研报告………（157）

第七章 苏州市民营企业档案资源状况调研报告………………（189）

附 录

国家档案局科技项目《产权制度改革大背景下改制企业档案资源整合与共享模式研究》简介………………………………（199）

参考文献……………………………………………………（216）
后　记………………………………………………………（230）

第一编

改制企业档案资源的处置研究

第一章 企业改制的背景、需求与现状

第一节 企业改制的背景与需求

在改革理论的不断创新引领下,中国企业改革经历了30多年的风雨历程。新中国成立后,基本复制了苏联的计划经济运行模式,形成并逐步固化了国有国营的企业制度。改革开放后,为增强国有企业的活力,首要的问题就是要打破高度集权的国有国营体制,赋予企业一定的自主权,发挥企业的积极性、主动性和创造性。为此,以放权让利为重点,开始调整国家和企业的责权利关系,解决政企不分、以政代企问题。改革一开始采取了自下而上的试探方式,中共中央认真总结了四川等省下放企业自主权的经验,国务院于1979年7月下发了《关于扩大国营工业企业经营管理自主权的若干规定》,1984年5月,国务院又下发了《关于进一步扩大国营工业企业自主权的暂行规定》(俗称"扩权十条"),赋予了企业自主经营、自负盈亏必要的权利。在自上而下的推动下,从1979年到1984年,国有企业普遍实行了扩大经营自主权的改革,调动了企业生产经营的积极性,企业的活力有所增强,中国经济出现了恢复性增长的良好态势。

1984年党的十二届三中全会通过了《中共中央关于经济体制改革的决定》,初步确立了商品经济在社会主义经济结构中的地位,提出了有计划的商品经济的理论,明确了增强国有企业,特别是国有大中型企业的活力是经济体制改革的中心环节,认为政企不分是传统国有企业制度的根本弊端,改革的基本思路是沿着所有权和经营权分离的原则逐步推进政企分开,使企业成为独立经营、自负盈亏的商品生产者和经营者。

在改革的这个阶段,一个突出的特点是,人们在理论上认识到企业的所有权和经营权是可以分开的,在保持国家所有权的前提下,可以将企业的经营权下放给企业。正是沿着这样的改革思路,我们开始探索多种形式的经营责任制。

在多种形式的经营责任制探索中,以首都钢铁公司为代表的承包经营责任制被大多数企业所认同,国有企业在这段时间普遍实行了承包经营责任制。承包经营责任制是在社会主义全民所有制基础上,按照所有权与经营权分离的原则,通过签订承包合同,确定国家与企业之间的责、权、利关系,使企业具有自主权的经营管理制度。其基本形式是"两保一挂",即企业保证完成承包合同规定的上缴税利指标,保证完成国家规定的技术改造任务,工资总额与实现利税挂钩。承包经营责任制具有包死基数、确保上缴、超收多留、欠收自补的基本特征,较好地处理了国家与企业之间的利益关系,调动了企业的积极性,增强了企业的活力。但承包经营责任制的突出问题是,企业分配向个人倾斜,包盈不包亏,助长了企业重生产、轻投资、拼设备等短期行为。同时,企业承包制按一户一率,企业不能公平竞争的弊端也日益暴露出来。

1992年春天,邓小平同志的南方讲话,又一次使全党解放了思想,并转变为全党的意志。在1993年11月召开的十四届三中全会上通过了《中共中央关于建立社会主义市场经济体制若干问题的决定》,明确指出,国有企业改革的方向是建立现代企业制度,并且将现代企业制度概括为四句话十六个字,即产权清晰、权责明确、政企分开、管理科学,提出了法人财产权的概念,要求企业拥有法人财产权,这是对两权分离理论的进一步发展。

在这一改革思想的指引下,加快了国有企业的公司制改革,并在1994年出台了《中华人民共和国公司法》这部重要的商法典。从1994年开始,国务院选择了100家企业进行建立现代企业制度试点,加上各地方选择的试点企业,中央和地方共选择了2500多家企业,按照现代企业制度的要求进行试点。

在推进现代企业制度试点的同时,1995年9月,党的十四届五中全会提出要着眼于搞好整个国有经济,抓好大的,放活小的,即"抓大放小"。但在实际操作过程中,"放小"被简单地认为是"一卖了之"和"全面退出",

导致目前有很多地方,特别是一些市、县已经几乎没有国有企业了。到 2003 年在国务院新一轮政府机构改革中新组建国有资产监督管理委员会后,这种"一卖了之"和"全面退出"势头得到了有效遏制。

1997 年党的十五大进一步提出,要调整和完善所有制结构,探索公有制的多种实现形式,从战略上调整国有经济布局和结构,对国有经济实施战略性改组,提出要用三年左右的时间,使大多数国有大中型亏损企业摆脱困境,力争到 2000 年大多数国有大中型骨干企业初步建立现代企业制度。

1999 年党的十五届四中全会通过了《中共中央关于国有企业改革和发展若干重大问题的决定》,提出到 2010 年国有企业改革和发展的目标是:适应经济体制与经济增长方式两个根本转变和扩大对外开放的要求,基本完成战略性调整和改组,形成比较合理的国有经济布局和结构,建立比较完善的现代企业制度,经济效益明显提高,科技开发能力、市场竞争能力和抗御风险能力明显增强,使国有经济在国民经济中更好地发挥主导作用。

20 世纪的最后三年,国有企业在建立企业法人治理结构,促进投资主体多元化,转换企业经营机制,抓大放小,关闭破产,分流富余人员,分离企业办社会职能,通过债转股等形式解决企业债务负担过重等方面做了大量工作,积累了许多宝贵经验,基本实现了三年改革与脱困目标。

2002 年 11 月党的十六大指出:要深化国有企业改革,进一步探索公有制特别是国有制的多种有效实现形式;除极少数必须由国家独资经营的企业外,积极推行股份制,发展混合所有制经济;按照现代企业制度的要求,国有大中型企业继续实行规范的公司制改革,完善法人治理结构。2003 年 10 月党的十六届三中全会通过的《关于完善社会主义市场经济体制若干问题的决定》指出:要适应经济市场化不断发展的趋势,进一步增强公有制经济的活力,大力发展国有资本、集体资本和非公有资本等参股的混合所有制经济,实现投资主体多元化,使股份制成为公有制的主要实现形式。

2003 年以后国有企业改革的推进是与建立和完善新的国有资产管理

改制企业档案管理实践与创新

体制改革分不开的。党的十六大确立了"建立中央政府和地方政府分别代表国家履行出资人职责,享有所有者权益,权利、义务和责任相统一,管资产和管人、管事相结合的国有资产管理体制"。十六届三中全会进一步指出"坚持政府公共管理职能和国有资产出资人职能分开。国有资产管理机构对授权监管的国有资产依法履行出资人职责,维护所有者权益,维护企业作为市场主体依法享有的各项权利,督促企业实现国有资本保值增值,防止国有资产流失"。

在新的国有资产管理体制推动下,国有企业改革进入了以股份制为主要形式的现代产权制度改革新阶段。国有企业改革因真正触及改革的核心和本质而步入攻坚阶段,那就是要对传统的产权制度进行符合现代产权制度要求的根本性改革。改革主要从五个方面加快推进:一是加大股份制改革力度,通过股权置换、相互持股、引入战略投资者等方式加快产权主体多元化改革,有条件的还实现了整体改制、整体上市。二是积极稳妥推进股权分置改革,基本完成股权分置改革任务,消除了阻碍股份制健康发展的制度弊端,促进了上市公司的迅速发展。三是建立完善的董事会,引入外部董事制度,规范公司法人治理结构。四是主辅分离、辅业改制。在分离办社会职能的基础上,将企业的辅业从主业中分离出去,突出主业发展,将辅业资产进行整合改制。五是继续实施政策性关闭破产。国有企业政策性破产是从1994年开始启动的,按照总体规划,在2008年年底以前全部完成。

深化国有企业改革,是促进中国经济社会发展的必然要求,也是全国人民的热切期盼。贯彻党的十八大和十八届三中、四中全会精神,《关于深化国有企业改革的指导意见》提出,国有企业属于全民所有,是推进国家现代化、保障人民共同利益的重要力量,是我们党和国家事业发展的重要物质基础和政治基础。必须认真贯彻落实党中央、国务院战略决策,按照"四个全面"战略布局的要求,以经济建设为中心,坚持问题导向,继续推进国有企业改革,切实破除体制机制障碍,坚定不移做强做优做大国有企业。

近些年来,随着改革的不断深化,社会主义市场经济体制改革越来越成功,外资的注入、民营企业的崛起等,越来越多的企业为了适应时代需求进行了改制,而企业的产权改革主要表现为企业的兼并、出售、拍卖、租赁、股份经营、合资合作以及企业破产等形式。以苏州为例,2002 年 9 月苏州市根据中央和江苏省委、省政府的精神,针对市属国有企业的现状,做出了加快推进市属国有企业产权制度改革的决定,提出了"四到位一基本",即企业改革到位,国有资本调整到位,职工身份置换到位,债权债务处理到位,基本建立现代企业制度的改制标准。至 2005 年 6 月,据不完全统计,全市一般竞争性领域的 985 家市属国有(集体)企业和 82 家生产经营型事业单位,完成了产权制度改革,这一改革标志着苏州市经济体制改革的中心环节——国企改革取得了历史性的突破。

第二节 改制企业档案管理工作的背景与需求

改革开放以来,中国企业档案工作的实际情况也随着社会主义市场经济的发展而改变,尤其是产权制度改革后,企业档案资源的管理和处置情况也发生了改变。在改革的过程中,随着企业产权与经营权的变化,改制企业的档案工作任重而道远。1998 年国家档案局、国家经济体制改革委员会、国家经济贸易委员会、国家国有资产管理局印发《国有企业资产与产权变动档案处置暂行办法》。国资委将"稳妥、规范、有序发展混合所有制经济,规范国有资产评估、完善国有资产定价机制,严格操作流程,确保公开透明,防止国有资产流失"纳入 2015 国企改革工作要点之一。

公有改制企业档案是改制企业生产经营活动中的真实记录,属于国有资产的重要组成部分,它的评估、管理工作也应当引起重视。自国有企业改革开始,我国各省市针对国有改制企业档案管理也相继采取措施,加强管理。苏州市国有企业改制工作于 2002 年 9 月份开始,对一般竞争性领域的 952 家市属国有(集体)企业和 82 家生产经营型事业单位进行产权制度改革。国有(集体)企业档案是企业资产的重要组成部分,为保证企业档案不因企业转制、撤销、关闭、破坏而遭受损失,防止国有资产的流失,苏州市档案行政管理部门在苏州市委、苏州市政府的正确领导下,按照《档案法》以及 1998 年国家档案局等四部委局颁布的《国有企业资产与产权变动

改制企业档案管理实践与创新

档案处置暂行办法》的有关规定,及时制定了《关于进一步做好全市国有(集体)企事业单位产权制度中档案处置工作的意见》,明确有关部门对改制企业单位档案进行接收,实行集中统一管理。1996年年初,辽宁省档案局会同辽宁省经贸委等有关部门深入部分国有破产企业进行调研,制定了《辽宁省破产企业档案管理规定》,于1997年12月以辽宁省政府第88号省长令发布。至此,辽宁省改制企业档案工作实现了有法可依,改制企业档案工作在辽宁省迅速开展。

改革开放30多年来,非公经济已成为推动中国经济发展的主要力量。据统计,2013年民营企业的纳税额占国家税收总额的50%。2015年中国企业500强榜单上,民营企业占有207个席位。民营企业已成为国民经济中最具活力的市场主体。因此,要充分认识加强非公有改制企业档案工作的重要意义。

企业档案作为企业的一种信息资源,已成为人们的共识,它作为企业信息的一种载体,与企业经济利益直接相关,它既是企业厂房、设备、产品等各种有形资产的真实记录和依据,又是企业专利权、非专利技术、商标权、著作权、土地使用权、租赁权、商誉等无形资产的直接载体和凭证,因此,是企业资产的一个重要组成部分。同时,企业档案所承载的信息作为一种重要的信息资源,一方面,在企业改制的过程中发挥着重要的凭证作用,是企业改制的根本和依据;另一方面,企业档案作为国有企业发展的历史见证,是企业产权制度改革后进行科学生产管理的重要依据,也为企业的发展提供了重要的借鉴意义。因此,在建立以产权清晰为基础的现代企业制度中,企业档案在清产核资、资产评估、理顺产权关系和防止国有资产流失等许多方面,起到了凭证、依据和参考作用,充分显示了企业档案在建立现代企业制度中不可替代的作用。

据统计,广东省档案馆已接收改制企业档案共32352卷又27509件。苏州市工商档案管理中心已接收各行业改制企业档案共167余万卷(约17万卷人事档案未计入)。如何有效的规范管理与利用改制企业档案是企业档案工作中的一件大事,是国家档案局贯彻落实"四个全面"战略部署,落实中办、国办《关于加强和改进新形势下档案工作的意见》精神,加强企业档案工作,创新企业档案业务指导方式,推进非公企业档案工作协调共同发展的一项重要举措。

第三节　中国改制企业档案管理工作现况

一、改制企业及改制企业档案概况

(一)改制企业概况

自从党的十二届三中全会提出"经济体制改革的中心环节是搞活国有企业"之后,各地国有企业进行了不断的探索,按照中央关于国有企业改革工作的总体要求,开始改革改制工作,精心组织,攻坚克难,采取引资改制、产权划转、转让国有产权、政策性破产、依法破产等多种形式,因企制宜,稳步推进了国有企业改革改制工作,取得了明显成效。

佛山市共有改制企业2728家。根据企业类型来看,统计数据如表1:国有企业1984家,集体企业355家,私营企业107家,合资企业136家,股份制企业134家,境外企业8家,事业单位4家;根据行业分布来看,制造业有713家,农业有105家,流通商业有342家,流通服务业有140家,交通运输业有82家,邮电通讯有1家,建筑安装有126家,其他行业的有1219家;根据企业规模来看,20人以下的企业有358家,20~99人的企业有2074家,100~499人的企业有254家,500~999人的企业有37家,1000~9999人的企业有5家;根据企业改制类型来看,改制为股份制的有905家,破产的有283家,销号的有747家,兼(合)并的有83家,不确定改制类型的有1364家。

表1　佛山市改制企业类型分布

企业类型	数　　量
国有	1984家
集体	355家
私营	107家
外资	0家

续表

企业类型	数量
合资	136 家
其他(请列明类型)	境外企业 8 家,事业单位 4 家,股份制企业 134 家

苏州市改制企业行业分布如图1所示。自2002年市属国有企业产权制度改革至今,苏州市国有、集体改制企业中已移交给苏州市工商档案管理中心的企业共计528家。从数量上看,制造业企业占据了332家,商业企业有78家,服务业企业72家,建筑安装企业39家,还有7家交通运输企业;从规模上看,有249家企业的规模达到了100~499人,还有37家企业达到1000人的规模;从改制类型上看,主要是改制(股份制)、破产和销号,分别有140家、172家、212家,兼(合)并企业有4家。

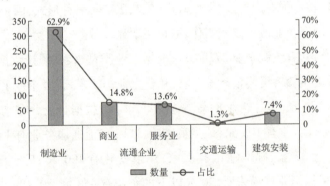

图1 苏州市改制企业行业分布

辽宁省作为国家"一五"计划重点投资兴建的老工业基地,是国家的原材料基地、重型装备基地、军事工业基地,国有大中型企业相对集中,曾为全国经济建设做出过重要贡献。但从20世纪80年代开始,辽宁省部分国有企业由于基础设施老化,体制性、结构性等矛盾突出,发展举步维艰。一大批国有企业相继破产、改制、重组、兼并、合资、转让以及实行股份制改造等。截至2013年年底,辽宁省国有大中型改制企业共计8899户,其中,国有破产企业1597户,国有改制企业7302户。全省107户大型国有企业,有59户在集团企业或母公司层面实施了各种形式的改制重组。

至2013年年底,浙江省共登记注册内资企业993041家,比2012年年底增加 152095 家,其中国有企业 76252 家,非国有企业 916789 家。2013年年底,全省共有规模以上工业企业 39561 家,其中国有和国有控股企业 706 家,非国有企业 38855 家,全年规模以上工业企业实现利润 3386 亿元,比上年增长 15.2%。其中,国有及国有控股企业 561 亿元,增长 28.5%;股份制企业 413 亿元,增长 18.3%;外商及港澳台投资企业 974 亿元,增长 17.6%;私营企业 1201 亿元,增长 12.7%。

浙江省 2010—2014 年部分地区注销企业的数量情况和进入法院破产清算程序企业的数量情况见表 2。

表 2　2010—2014 年浙江省改制企业的数量

(家)

地区	注销数		清算数	
	国有	非国有	国有	非国有
省级	22	335	0	0
杭州市	545	203080	1	39
温州市	87	23969	0	283
乐清市	0	6922	2	64
湖州市	35	930	14	18
长兴县	8	1510	0	7
平湖市	2	1579	0	9
金华市	9	27330	0	0
衢州市	14	1447	0	28
台州市	5	1152	24	15
玉环县	2	1803	0	10

广东清远市统计破产、改制企业约有 529 家,其中破产企业档案主要以金泰集团、建北集团、机械工业总公司、创兴集团等为大户单位。中山市改制公有企业有 900 多家,其中 500 多家市属破产企业档案由市属资产营运公司、市公用事业集团公司和兴中集团公司进行管理。

综合以上各地数据可以看到,各地企业按照企业改革工作的总体要求,进行了不断的探索,一大批企业相继破产、转制、重组、兼并、合资、转让以及实行股份制改造等。从企业性质来看,公有企业是改制企业的重要组成,公有企业改革改制工作取得了明显成效。另外,随着改革的深入,非公有改制企业的数量也在上升,因此,非公有改制企业档案工作亦应得到相应的重视与管理。从改制企业的行业分布来看,制造业企业在改制企业中的占比最大,相应的改制企业档案工作也更复杂艰巨。从改制企业规模来看,改制的大型企业不在少数,涉及的企业职工数量也非常庞大,因此,对于职工利益意义重大的改制企业档案理应得到最完善的管理。

随着企业改制进程的加快与深入,这些改制企业档案如何处置,是否能够妥善保管改制企业档案,如何开发利用改制企业档案等一系列问题成为企业档案工作的重要内容。

(二) 改制企业档案概况

1. 公有改制企业档案管理概况

从国家综合档案馆接收的改制企业档案的情况来看,浙江省档案馆接收国有企业档案 13 家,其中文书档案 92507 卷,会计档案少量;杭州市档案馆接收国有企业档案 140 家,其中文书档案 98417 卷,科技档案 6848 卷,会计档案 329406 卷,人事档案 7384 卷,特殊载体档案 1502 卷;温州市档案馆接收国有企业档案 35 家,其中文书档案 3931 卷,科技档案 282 卷,会计档案 33759 卷,特殊载体档案 217 卷,其他档案 342 卷;湖州市档案馆接收国有企业档案 34 家,其中文书档案 9351 卷,科技档案 33 卷,会计档案 4754 卷,特殊载体档案 169 卷;嘉兴市档案馆接收国有企业档案 5 家,其中文书档案 3921 卷,科技档案 857 卷,会计档案 21950 卷,其他档案 951 卷;金华市档案馆接收国有企业档案 48 家,非国有企业 1 家,其中文书档案 12194 卷,科技档案 101 卷,会计档案 79465 卷,特殊载体档案 112 卷,其他档案 2555 卷;衢州市档案馆接收国有企业档案 90 家,其中文书档案 12799 卷,科技档案 631 卷,会计档案 116717 卷,人事档案 662 卷,特殊载体档案 1 卷;台州市档案馆接收国有企业档案 22 家,其中文书档案 4268 卷,会计档案 6121 卷,特殊载体档案 216 卷,其他档案 118 卷;丽水市档案馆接收国有企业档案 33 家,其中文书档案 3396 卷,科技档案 241 卷,会计档案 56922 卷。

广东省档案馆已接收改制企业档案共32352卷又27509件,其中影响比较大的为广东国际信托投资公司的破产前档案,广东国投向省档案馆移交1980年至2002年的破产前档案,其中文书档案1917卷,会计档案12195卷,合同档案2041卷。其三家破产子公司广信企业发展公司、广东国际租赁公司、广东国投深圳公司移交1980年至2000年的档案共计7115卷又348件。目前广东国投破产清算仍在继续,企业清算组比较重视档案工作,近期主动联系省档案局,希望进一步明确破产清算过程中形成文件的具体归档范围,拟在规范收集整理后再做移交。2000年广东省政府重组粤海集团,在原粤海集团、南粤集团和广东省东深供水局基础上重新组建省属国有资产授权经营公司。改制前原粤海集团、南粤集团的文书档案均已向省档案馆移交,共计27161件。

佛山市档案馆共接收了改制企业档案1413775卷又22351件。按改制企业的行业分类统计(表3),制造业类681431卷又214件,农业类23191卷,流通商业类127029卷又2764件,流通服务业类340477卷又15826件,交通运输类53154卷又700件,建筑安装类131018卷又1148件,其他行业57475卷又1699件。

表3 佛山市改制企业档案行业分布

行业	制造业	农业	流通企业		交通运输	建筑安装	其他	合计
			商业	服务业				
档案数量	681431卷214件	23191卷	127029卷2764件	340477卷15826件	53154卷700件	131018卷1148件	57475卷1699件	1413775卷22351件

从档案类型来看(表4),文书档案289789卷又23498件,科技档案155163卷,会计档案1530326卷,人事档案114039卷,声像档案7300卷,其他类型档案266591卷又1699件。

表4 佛山市改制企业档案类型分布

类别	文书档案	科技档案	会计档案	人事档案	声像档案	其他	合计
数量	289789卷23498件	155163卷	1530326卷	114039卷	7300卷	266591卷1699件	2363208卷25197件

辽宁省改制企业形成档案共计968万余卷。其中,国有破产企业档案384万余卷,国有改制企业档案584万余卷。改制企业形成的档案包括会计档案、科技档案、文书档案、职工(人事)档案等类别。

苏州市档案馆现存转改制企业档案约40个全宗(当时苏州市档案馆库藏涨库,有选择性地选择了40余家单位,这些企业单位在改制前苏州市馆已接收过,并设有全宗),共27000多卷,多数为苏州市原有国企中的重点单位、代表性单位,如苏纶纺织厂、振亚丝织厂、张小全剪刀厂、苏州市人民商场等,涉及纺织、丝绸、医药、商业、机械、交通等十余个系统。主要档案门类有文书、会计、科研、基建和实物等,其中大部分为文书档案。

2. 非公有改制企业档案管理概况

从各地调研情况来看,各省市主要是对公有改制企业档案的管理,对于非公有改制企业档案管理的案例非常少,多次调研后发现仅有部分实例,以苏州市为例,苏州市共有三家国企改制为民营企业后关闭,其中苏州热电有限公司、苏州晶体元件有限公司已经移交苏州市工商档案管理中心,苏州市食用油脂有限公司正由苏州市工商档案管理中心在进行档案移交前的档案整理指导工作。其中苏州热电厂、苏州晶体元件厂两家国企因各种原因在20世纪末改制为民营企业,分别为苏州热电有限公司和苏州晶体元件有限公司,改制前的档案已经移交给苏州市工商档案管理中心的前身苏州市工投档案管理中心,两家国企改制为民营企业后,2004年再次关闭,企业档案移交给苏州市工商档案管理中心,具体概况如表5所示,其中苏州热电有限公司共有档案4445卷,文书档案476卷,科技档案25卷,实物档案132卷,会计档案3812卷;苏州晶体元件有限公司共有档案902卷,文书档案104卷,实物档案156卷,会计档案642卷。

表5 苏州市部分非公有改制企业档案概况

全宗名称	全宗号	文书	科技	实物	会计	合计
苏州热电有限公司	A035	476	25	132	3812	4445
苏州晶体元件有限公司	K016	104		156	642	902

苏州高新区档案局创新非公有企业档案管理新模式,为江苏医疗器械科技产业园(以下简称"产业园")搭建公共服务新平台——公共档案室。产业园坐落于苏州国家高新技术产业开发区科技城,是联合中国科学院苏州生物医学工程技术研究所共建的国家级专业医疗器械产业园。为促进产业园的高、精、尖技术的发展,形成产业集群效应,高新区档案局联合产业园管理办公室打造为企业服务的新平台,在产业园内成立了公共档案室,免费为入驻企业提供档案保管和利用服务。公共档案室可以根据各个企业的不同要求,私人定制档案服务形式,免除企业档案管理的后顾之忧。公共档案室将与江苏省医疗器械检验所苏州分所、科技成果转化中心、生物医学创新中心、GMP车间、工程中心共同构建产业园创新发展的公共平台,并不断深化研究和合作,提供更为专业的服务,使公共档案室作为各个企业的信息中心,成为企业发展的新引擎。目前,公共档案室已经收集了苏州科技城生物医学技术发展有限公司、苏州博源医疗科技有限公司的档案资料,同时与入驻产业园的企业进行合作洽谈。公共档案室的创建是产业园为企业提供公共服务的新举措,是科技城"发展新产业、吸引新人才"目标的配套服务新思路,是高新区档案局服务"大众创业,万众创新"的新探索。

综合各地改制企业档案管理情况,可以大致了解到中国整体的改制企业档案管理水平。一方面,随着企业改制的不断推进,改制企业档案的数量是庞大的,多达百万余卷的档案亟待有效管理,同时,档案种类是复杂多样的,以文书档案为主体,兼有科技档案、会计档案等传统纸质档案,亦有声像等其他形式的新型载体档案;另一方面,值得注意的是,已经在统计范围中的这些改制企业档案基本是属于公有改制企业的,而关于非公有改制企业档案的情况,如具体卷数、档案类型、管理状态等,尚未纳入管理范围,可以说,非公有改制企业档案的管理是一块空白。然而非公有改制企业及其档案的价值和作用是不容小视的,因此,关于对改制企业档案的管理,不仅需要进一步完善规范公有改制企业档案管理,更需要对非公有改制企业档案管理给予更多的关注与研究。

二、改制企业档案管理政策制度概况

1. 国家改制企业档案管理政策制度制定情况

《中华人民共和国档案法》第三章"档案的管理"第十七条中有提及国有企事业档案在发生资产转让时的情况:"国有企业事业单位资产转让时,转让有关档案的具体办法由国家档案行政管理部门制定。档案复制件的交换、转让和出卖,按照国家规定办理。"但并没有具体关于改制企业档案管理办法的相关说明。

1998年,国家档案局、国家经济体制改革委员会、国家经济贸易委员会、国有资产管理局联合制发了《国有企业资产与产权变动档案处置暂行办法》,从档案处置的组织工作、档案的归属与流向、产权变动中形成的档案管理几个方面对国有企业在资产与产权变动中的档案处置行为进行了较为具体的规范,适用于国有企业兼并、破产、出售、股份制改造、股份合作制和与外商合资、合作经营以及实行承包、租赁等其他资产与产权变动的档案处置工作。其中,在第二种档案处置的组织工作中提出:

第五条,国有企业资产与产权变动档案处置工作是国有企业资产与产权变动工作的一项重要内容。应列入其议程,并同步进行。

第六条,各级档案行政管理部门,会同政府综合经济管理部门和国有资产管理部门加强对国有企业资产与产权变动档案处置工作的组织协调,监督和指导。各行业主管部门协同各级档案行政管理部门做好本行业、本系统的国有企业资产与产权变动档案处置工作的组织协调,监督和指导。企业主管部门负责国有企业资产与产权变动档案处置工作的组织管理。资产与产权变动的国有企业,按隶属关系及时报告企业主管部门和当地档案行政管理部门,申请档案处置事宜。

第七条,资产与产权变动的国有企业,成立企业档案处置工作专门组织。由企业分管档案工作领导人、清算机构有关人员、企业主管部门档案工作负责人和企业档案部门负责人组成,在企业资产清算组织或其他负责企业资产与产权变动组织的领导下,负责档案处置工作,研究处理有关重大问题。

在该暂行办法中,还规定了企业档案部门负责档案处置具体工作。在第三章档案的归属与流向中,提出国有企业资产与产权变动档案的处置原则上要根据不同档案类型分类进行,再根据其不同的资产与产权变动方式区别对待。

第四章产权变动中形成的档案的管理中明确了国有企业资产与产权变动中形成的文件材料归档范围以及归属流向。最后,还强调了一系列相关处罚。

2011 年国家档案局第 9 号令《各级各类档案馆收集档案范围的规定》,将国有企业档案纳入综合档案馆收集范围,且可全部或部分接收国有企业下属单位和临时机构的档案。经协商同意,综合档案馆可以收集或代存本行政区内社会组织、集体和民营企事业单位、基层群众自治组织、家庭和个人形成的对国家和社会有利用价值的档案,也可以通过接受捐赠、购买等形式获取。各级部门档案馆,收集本部门及其直属单位形成的档案,但其中履行行政管理职能的档案,要按有关规定定期向综合档案馆移交。国有企业、事业单位设立的档案馆,收集本单位及其所属机构形成的档案。国有企业发生破产改制,事业单位发生撤销等情况,其档案可按照有关规定由本级综合档案馆接收。

2012 年国家档案局第 10 号令《企业文件材料归档范围和档案保管期限规定》,规定了企业文件材料的归档范围以及可不归档的文件材料内容。

2. 各省市改制企业档案管理政策制度制定情况

自《国有企业资产与产权变动档案处置暂行办法》颁布之后,各省市根据当地实际情况,也陆续设立了一些地方性法规。

苏州市档案局制定了《苏州市国有破产企业档案处置暂行办法》和《关于进一步做好全市国有(集体)企事业单位产权制度中档案处置工作的意见》,对国有破产企业档案的概念、破产企业档案的组织与管理、档案的归属和流向、经费以及违反处罚提出了明确的规定,明确了有关部门要对改制企业单位档案进行接收,实行集中统一管理。

浙江省档案局 1997 年与浙江省计经委、浙江省国有资产管理局联合制定《国有企业改制中企业档案管理暂行办法》;1998 年,在转发国家档案局《国有企业资产与产权变动档案处置暂行办法》基础上，又将其主要内容列入《浙江省实施〈档案法〉办法》中；2001年与浙江省经贸委出台并经省两办转发了《关于加强全省国有改制企业档案管理工作的意见》。2004年，浙江省档案局和浙江省工商联印发了《关于进一步加强全省民营企业档案工作的通知》。嘉兴市档案局与嘉兴市体改委、嘉兴市中级人民法院、嘉兴市国资局联合发出《嘉兴市国有破产企业档案处置暂行规定》，明确了档案行政管理部门参与破产清算组等18条规定。绍兴市档案局实施了停产歇业企业档案的登记制度，第一时间掌握国有企业停产歇业的情况，从而建立了对档案处置工作实施监管的快速机制。杭州市档案局制发了《关于加强改制与破产企业档案工作的意见》，提出了将档案处置工作纳入企业破产程序，建立档案处置事宜登记制度等5条要求，还派员参加市政府每月两次的改制企业情况通报会，及时了解国企改制的进展情况，实行跟踪指导。

广东省档案局2007年颁布了《广东省国有企业资产与产权变动档案处置工作规程》，对国有企业档案资产与产权变动档案处置的基本流程、流向原则和范围做出了明确的规定，按照《规程》的要求，国有企业在申请资产和产权变动时，须同时提出档案处置事宜，并向有关档案行政管理部门提交档案处置申请表一式三份；国有资产产权主管部门在对国有资产与产权变动进行审批时，应同时提出档案处置的要求；档案行政管理部门应依法对国有资产与产权变动档案处置工作进行监督指导。2004年，佛山市档案局制定了《关于加强市直国有企业在资产与产权变动中档案处置工作的意见》，通过佛山市政府批转在市属有关单位实施，有效地促进了改制企业档案处置工作向纵深发展。2006年，佛山市档案局制定了《佛山市直国有改制、退市企业文件材料整理归档工作指引》，为佛山市国有改制、退市企业档案整理归档工作提供了明确的方法指引。2007年，佛山市档案局与佛山市国资委联合发文《关于印发佛山市属国有企业产权变动中档案处置实施细则》，该细则主要是强化了改制企业档案管理的重要性和必要性，同时明确了对改制企业档案管理的责任和义务。

2007年辽宁省档案局与辽宁省国资委联合印发《关于加强国有企业

改制及国有产权变动档案管理的通知》,一系列法律法规、规范性文件的出台使改制企业档案管理工作有章可循,为加强改制企业档案工作创造了良好的外部环境。辽宁全省14个省辖市都转发了这两个文件,并与有关部门联合出台了本地区的有关规定、办法。1999年,抚顺市政府印发了《抚顺市破产改制企业档案管理办法》;2009年,抚顺市委办公厅、市政府办公厅印发了《抚顺市推进国企改革和解决已改制企业遗留问题的实施办法》;2000年,辽阳市政府印发了《关于加强全市破产出售合资合作企业档案管理的通知》;2004年鞍山市委办公厅、市政府办公厅印发了《关于进一步加强破产改制企业档案管理的意见》;2005年,本溪市政府印发了《本溪市国有企业资产与产权变动档案处置办法》;2006年,阜新市政府印发了《阜新市国有企业资产与产权变动档案处置办法》;等等。这些办法、意见等从不同侧面对改制企业档案工作提出具体操作办法,明确改制企业档案的归属和流向,所需资金数额及来源渠道等。

三、改制企业档案归属与流向现况

根据调查,事实上,改制企业档案的归属与流向是高度统一的,即一般情况下,归国家所有的档案由各级国家档案馆接收进馆,归改制企业所有的则存放于企业档案部门或其他管理部门。但由于档案管理工作上存在的各种问题,不少归国家所有的档案并没有及时被接收进馆。

1. 公有改制企业档案资源归属现况

在1998年颁布的《国有企业资产与产权变动档案处置暂行办法》中有明确规定:国有(集体)企业在改制前的档案是国有(集体)企业全部活动的真实记录,是企业产权制度改革的依据和凭证,属国家(集体)所有。要在维护国家(集体)利益,保守国家机密和企业商业秘密,防止档案散失,维护档案安全,有利于档案利用,切实维护企业经营管理的连续性,区别情况,依法、合理处置的原则下确定改制企业档案资源的归属。根据调查,目前改制企业档案的主要去向如下:

(1)改制企业文书档案原则上归国家所有,为了保证改制企业生产经营管理活动的连续性,文书档案中部分生产技术管理和经营管理档案可由改制企业接收管理。

（2）基建档案、设备档案可随其实体，由改制企业接收管理。

（3）产品档案、科研档案以及涉及企业知识产权方面的档案，原则上列入国有资产一并转让，没有转让的应归国家所有。

（4）会计档案按照国家财政部和国家档案局制定的《会计档案管理办法》执行，原则上归国家所有。

（5）干部职工档案按照国家有关规定，由国家管理。

（6）未涉及的其他档案原则上归国家所有。

据广东省佛山市档案局对改制企业归属情况的调查（表6），归国家所有的共有412059卷又1699件，其中文书档案207490卷，科技档案1053卷，会计档案112273卷，人事档案59386卷，声像档案954卷，其他类型档案30903卷又1699件；归改制后企业所有的档案共644684卷又13147件，其中文书档案有36047卷又13147件，科技档案133201卷，会计档案232520卷，人事档案8346卷，声像档案232卷，其他类型档案234338卷；其他归属方式的共697787卷又10349件，其中文书档案46252卷又10349件，科技档案20909卷，会计档案577298卷，人事档案46307卷，声像档案5671卷，其他类型档案1350卷。

表6 佛山市改制企业档案归属情况统计表

归属方式\类别	文书档案	科技档案	会计档案	人事档案	声像档案	其他	合计
归国家所有	207490卷	1053卷	112273卷	59386卷	954卷	30903卷 1699件	412059卷 1699件
归改制后企业所有	36047卷 13147件	133201卷	232520卷	8346卷	232卷	234338卷	644684卷 13147件
其他归属方式	46252卷 10349件	20909卷	577298卷	46307卷	5671卷	1350卷	697787卷 10349件

苏州市184万多卷国有集体改制企业档案全部归国家所有（表7），其中文书档案299186卷，产品档案37280卷，基建档案5378卷，设备档案7127卷，科研档案18220卷，会计档案1291722卷，人事档案165493卷，声像档案1729卷，其他档案14418卷。

表 7 苏州市改制企业档案归属情况统计表

类别 归属方式	文书档案（卷）			科技档案（卷）				会计档案（卷）	人事档案（卷）	声像档案（卷）	其他（卷）	合计
	党群工作	行政管理	生产经营管理	产品档案	基建档案	设备档案	科研档案					
归国家所有	299186			37280	5378	7127	18220	1291722	165493	1729	14418	1840553

2. 改制企业档案资源流向情况

根据调查，目前改制企业档案的主要流向如下：

（1）流向各级综合档案馆。流向档案馆的可分为接收和寄存两种情况。而接收一般也分两种情况：一种是改制企业全部档案移交进馆，如2001年辽宁镁矿总公司破产后，其各类档案1.8万多卷及大石桥镁矿公司档案106卷，整体移交给辽宁省档案馆；另一种是改制企业部分厂房、设备档案随固定资产的处置而转移，其文书档案、会计档案和部分科技档案被档案馆接收。例如铁岭市橡胶制品厂1996年破产后，该厂的设备、工艺、产品、基建等类档案与资产一起转让给购买方，其余文书、会计档案移交给市经委档案室。2002年，这部分档案整理后移交到铁岭市档案馆。寄存则是由改制企业向档案馆缴纳一定的寄存费用，由档案馆代为保管其档案。

（2）流向改制企业。分为三种情况：原企业留守人员保管，接管企业保管，破产清算组制定的管理人员保管，但都直接存放于改制企业中。一些在改制后仍有部分留守人员的企业，企业档案仍存放在原来的库房内，由企业的留守人员看管。一些整体出售的企业，档案由改制后的新企业保管、利用，如南票矿务局破产后组建了南票煤电公司，由组建后的新企业完完整整地承接了原企业档案。由破产清算组指定的管理人保存的，该管理人主要是会计事务所、律师事务所等，在法院组织处理完改制企业债权和债务问题后，企业会计档案及其他档案暂时由管理人接管。

（3）流向其他档案管理机构。主要是实行分类托管的企业职工人事档案。干部身份的移交到人才交流中心托管，工人身份的移交到劳动局属下职业介绍服务中心托管，死亡人员档案移交到市档案馆保管。例如广东佛陶集团股份有限公司下属的134家企业逐步进行了体制改革和国有员工身份置换,劣势企业以破产、注销等形式退出后,改制企业的员工人事档案,属于干部身份的,其人事档案大部分移交给佛山市(区)人才交流中心保管,另有一小部分由佛陶人事部门保管,非干部身份的员工人事档案的处置分为以下几种形式:① 员工与改制后的企业建立劳动关系,2014年前签订劳动合同的,其人事档案由改制后的企业保管,2014年后签订劳动合同的,其人事档案由区劳动部门统一保管;② 员工转移到其他企业,2014年前转移的,其人事档案由相应的企业保管,2014年后转移的,其人事档案由区劳动部门统一保管;③ 未重新就业的原员工人事档案,由人力资源和社会保障局或佛陶集团人事部门保管。另外,佛陶集团大部分退休人员的关系已转由社区管理,但其人事档案仍由集团公司保管。

(4) 档案流向情况不明。不少改制企业无档案留存或档案去向不明,可能已经丢失或损毁,有待进一步调查。铁岭市有5家改制企业的档案由于保管条件有限,按照主管部门的要求,统一锁在一个规模较大的停产企业库房中,还有的企业档案保存在居民小区楼房、门市房或其他单位写字楼的办公室,也有部分企业,除会计档案外,其他档案已散失。浙江省金华市档案局对改制企业的档案流向的调查如表8所示,共168家改制企业,其中近52家企业的档案流向不明。

表8 浙江省金华市改制企业档案流向情况统计表

改制后档案流向	企业个数
已移交综合档案馆	35
已移交接管企业	49
由主管部门保存	18
由清算组保存	2
由市国资委保存	1
保存在街道办事处	1
无档案留存	10
去向不明	3
破产歇业后联系不到	49

第四节 改制企业档案利用现况

据调查,各省市改制企业档案的利用多以人事档案、会计档案、文书档案利用率为最高。

一、面向社会公众,保障企业员工权益

近年来,国家对"特殊工种职工""五七工""家属工""独生子女职工"等都给予了特殊政策,牵涉很大一个社会群体的实际利益,对他们的生活稳定乃至社会和谐影响极大。而落实这些政策的依据是他们的工龄、工资等档案,以至于几年来这些人已成为档案馆查阅利用档案的主体。辽宁省朝阳市档案馆自2003年改制企业档案进馆以来,接待查阅企业档案成为该馆利用工作的主体。2003—2014年,该馆共接待利用改制企业档案13161人次,利用档案154407卷次。仅2015年1月到4月,该馆已接待1251人次,利用档案16986卷次。大连市档案馆查阅利用改制企业档案平均每年接待400余人,查阅利用2000余卷。锦州市档案馆开设了电话查档、预约查档,为利用者查阅改制企业档案开辟绿色通道,为社会稳定发挥了积极作用。

表9　浙江省部分市县档案馆馆藏改制企业档案利用情况统计表

档案馆名称	档案馆类型	接收单位数量	档案总数（卷）	已数字化量（卷）	已数字化页数	利用卷次	利用人次
杭州市档案馆	市级	140	443557	4075	551841	61365	36993
萧山区档案馆	县级	227	55954	55448	250000	24525	3384
温州市档案馆	市级	35	38531	0	0	7944	1908
乐清市档案馆	县级	22	3944	0	0	1336	453
湖州市档案馆	市级	34	14307	1452	0	5218	1269
长兴县档案馆	县级	5	0	73	4274	8	5
嘉兴市档案馆	市级	5	27643	4084	0	2184	593
金华市档案馆	市级	49	94427	0	0	685	52

续表

档案馆名称	档案馆类型	接收单位数量	档案总数（卷）	已数字化量（卷）	已数字化页数	利用卷次	利用人次
衢州市档案馆	市级	90	130810	0	0	19101	6250
台州市档案馆	市级	22	10723	4768	374973	4316	339
玉环县档案馆	县级	19	10410	0	0	5800	3005
丽水市档案馆	市级	33	60560	0	0	19345	1958
总计		646	890866	69900	1181088	151827	56209

表9是浙江省部分档案馆改制企业档案的利用情况,从各单位调研情况的来看,进馆的改制企业档案的查阅量逐年增长,也有呈现集中式增长的情况,在2011年浙江省委、省政府"精简退职"等三项惠民政策落实中,全省各级档案部门共提供档案利用服务近40万余人次,调阅案卷120万余卷,为22.9万人提供了档案证明,发挥了重要的民生保障作用,这些档案主要是改制企业档案。

表10 苏州市工商档案管理中心历年档案查阅利用工作汇总表

时间	查档接待（人次）	有效查阅（人次）	利用各类档案（卷/份）	档案机构
2005年	500	415	992	工投档案管理中心
2006年	4560	3785	29115	工投档案管理中心
2007年	4000	3320	20025	工投档案管理中心
2008年	3445	2859	16329	工商档案管理中心
2009年	4218	3501	17631	工商档案管理中心
2010年	3034	2518	13655	工商档案管理中心
2011年	2266	1881	13817	工商档案管理中心
2012年	2792	2317	21142	工商档案管理中心
2013年	3294	2734	24187	工商档案管理中心
2014年	3308	2746	24517	工商档案管理中心
2015年1—9月	2464	2045	8645	工商档案管理中心
合计	33881	28121	190055	工商档案管理中心

苏州市工商档案管理中心历年档案查阅利用工作如表10所示。改制企业员工在遇到工龄、工资等相关问题时，主动寻求档案机关的帮助，查阅改制企业档案。

（1）利用改制企业档案为办理退休者提供依据证明。

原苏州市光明丝织厂职工黄某玲来到苏州市工商档案管理中心查阅个人档案，需要用于其办理退休手续。但由于黄某玲资料不全，她需要查阅的是1982年前后的进厂通知和离厂证明、1982年起直至离厂的工资单证明。根据黄某玲提供的信息，工作人员在苏州市光明丝织厂全宗号的卷内目录中搜寻与其有关的信息，从文书档案中查到其1982年7月31日进厂试用通知、1989年12月29日转移介绍信、1989年12月养老金转移单和转移工作审批表。有了进厂、出厂证明，本着对查阅人负责的态度，工作人员又从其他文书档案中查到了一份劳动工人工资证明。最后，在财务档案中找到了其当年参加工作期间的工资单，时间跨度从1982年8月直至1989年12月。此次查阅为黄美玲提供了准确详尽的档案资料，当她拿到这些材料后，十分感谢档案人员给予她如此之多的档案资料，使她的退休办理得更方便有效。

原苏州市东吴丝织厂职工沈某萍已到了退休年龄，在办理退休手续的过程中，社保要求其提供1988年11月至1990年12月间的长病假工资单，她前来苏州市工商档案管理中心要求查阅档案资料，要求提供其办理退休手续的相关证明材料。在查阅过程中，发现她名字不统一（苏、素、平），且还有的月份没有她的名字，只能电话联系本人，且本留的是家庭电话，打了几次都没人接，经过多次联系到其本人后，才了解到她原单位在造工资单时是有过名字写错的情况，但当时也是将错就错的领了工资。工作人员找了多遍找不到沈某萍，只有沈某华。沈某说：沈某华也就是她。最后，从档案资料中查到，由于当时企业工作人员的笔误，沈某萍与沈某华是同一人。

原苏州市指甲钳厂职工张某春来到苏州市工商档案管理中心，要求为其查询自1971年4月进厂至1987年6月这段时间内的工资情况，用来办理退休手续证明。工作人员先从文书档案中查阅是否有相关档案资料，查询到1971年6月职工情况调查表中写有张某春1971年参加工作,接着1975年1月的一份人员划分表内也有张某春的名字,上面写道:"1974年调磁电机分厂。"有了这些信息,工作人员再翻阅工资单档案,顺利找到了1971年5月至1974年12月的工资单,其中1974年5月工资单中还注明了补4月满师的费用的字样。

（2）利用改制企业档案为原企业职工申办特殊工种提供依据。

曾在原苏州市玻璃厂工作过的职工杨某成曾在企业从事过特殊工种,按国家有关规定,在企业从事过特殊工种累计超过一定的年限,可提前办理退休手续。该职工按政策可以享受相应的规定待遇,现由苏州市轻工系统留守人员凭介绍信核查其1976年10月至1996年7月在企业从事特殊工种的经历。工作人员用了一天多时间查阅了企业相关的案卷,发现其在1988年8月至1989年7月还有长病假（根据有关规定要扣除工龄）,于是又扩大档案查阅范围,查实其从事高温作业有12年,按国家政策规定可以享受特殊工种提前退休的待遇,从企业档案中复印了工资表等相关档案资料,为杨某成办理特殊工种退休提供了相应的依据。

原鞍山市铸钢厂铸钢车间工人任某因企业破产,从2003年1月起,每月领取232元最低生活保障金。2004年8月任某满45周岁,可办理特殊工种提前退休。在办理退休手续时,人事部门发现其档案中仅有7年从事高空高温工作的记录。根据文件精神,从事高空高温工作需要连续工作9年方可办理提前退休。为了证明连续9年在该岗位工作,任某于2004年8月两次到鞍山市档案馆查阅档案,鞍山市档案馆为其提供了鞍山市铸钢厂会计档案,复印了工资表,使其顺利办理了提前退休手续。

（3）利用改制企业档案为原企业职工计算累计工作年限、连接工龄提供依据。

一位名叫腾某青的女同志来到苏州市工商档案管理中心查其1984至1996年之间,在企业进出的工作调动调令和企业工资单。在查阅登记单上,她注明需要查阅其1984年至1989年前后在原苏州锦绣丝织厂的进出证明及工资单和1991年至1997年间在原苏州新苏丝织厂的进出证明和工资单,用于办理社保连接工龄。工作人员及时为她查找了相关企业的有关资料,但还是没有查到她所需要的相关资料。甚至连该同志的名字都没有找到。于是,档案中心工作人员再次电话联系其本人。结果她回忆了一下,说填写时错误地把进、出的两单位搞反了。因为这两个单位都是较大的企业,而且企业里还有同名同姓的"腾某青"人名出现,一个月的企业工资单就有寸把厚,工作人员查了满满一推车共有40多卷,最后准确查找到了需要的档案资料,顺利地把在原企业的工作年限连接上。

(4)利用改制企业档案为原企业职工申请办理遗属补贴提供依据。

苏州市民葛某龙于2004年病故,其妻无工作,属于遗属。但由于当时没有办理相应的手续,直至其妻年老多病,需要办理遗属补贴,才想到国家有相关政策可以享受职工遗属补贴。但由于其家属找不到证明之前一切有关报销医疗费的单据和证明曾经享受过相应政策待遇的材料,于是,到苏州市工商档案管理中心提出查找1983年前后的在葛某龙工作过的企业曾发生过的医药费报销凭证。工作人员逐页查阅了企业3年的会计账本,终于在1984年7月21日查到其报销过10.60元的医药费,这是唯一能证明葛某龙的妻子是享受过家属劳保的,按国家有关政策规定,可以享受职工遗属补贴。

(5)利用改制企业档案资料为职工补充个人档案提供依据。

原苏州排须花边厂职工杨某英来到苏州市工商档案管理中心,自称2005年不慎遗失个人档案,提出查询与其个人相关的资料,用于补充证明个人档案。据其回忆,可能在1984年或者1985年经人介绍进入原苏州市缂丝厂工作了2年,之后才调往原苏州市排须花边厂,要求查询提供所有载有"杨某英"名字的文件材料和其工资单凭证。

由于不能确认杨某英的具体工作年份,只能扩大查阅年代的范围,分别在苏州市缂丝厂、苏州市排须花边厂查找1986年至2000年有可能出现"杨某英"名字的相关档案材料,包括录取通知、学徒转正定级表、增资表、劳资月报、劳动合同书、档案转移清单、出勤记录、全厂人员分布结构、临时工转正表、劳动手册名单、养老保险缴费材料、解除合同决定、调令等文件。根据查到的名字的资料,再顺藤摸瓜,或向前、或向后推测年份进行查找。查到1983年12月苏州市缂丝厂招收8名农合工中有杨某英的名字及

1984年1月至1985年12月杨某英的工资单凭证,共复印了4张。然后在苏州市排须花边厂全宗里,查阅了文书档案38卷、工资单10卷,查到了该同志于1989年11月"浮转固花名册"及合同制工人1986年4月至1993年6月"养老保险缴纳花名册",1992、1993年企业"调整工资名册",1995年9月"企业人员汇总",1995年7月"企业职工分布图",1996年11月"合同制职工转保花名册",1986、1988、1991年"保险缴费清单",2000年9月18日"解除合同证明",2000年10月"养老保险关系转移单",1986年4月至1996年12月"工资单"。基本为该同志理清了在几家企业工作过的时间,并复齐了所需的档案材料。如此详细的资料,为杨某英补充个人档案提供了充分的依据,顺利补齐了个人档案所需的档案材料。

(6)利用改制企业档案为职工办理房屋过户提供凭证。

大连市民吕先生有4个姊妹,父母相继去世后,在大连市西岗区黄河路145号留有一套建筑面积57平方米的住房。经与姊妹共同协商,决定这套在吕先生父亲名下的房子由吕先生的儿子继承。吕先生到大连市西岗区房地产交易市场办理过户手续时,工作人员要求吕先生提供能证明与其父亲是父子关系的依据性材料,并到大连市西岗区公证处办理公证后方能办理。吕先生经多方打听得知可以从父亲的个人档案中查找,可父亲单位大连市水产供销公司已破产多年,单位及父亲个人档案也不知下落。正当吕先生一筹莫展时,2011年11月9日,吕先生从《大连晚报》上看到了《市民在大连市档案馆档案查阅服务大厅能查到哪些档案》这一消息,得知大连市档案馆保管有部分国有破产、产权变动企业档案。于是他抱着试试看的心情来到大连市档案馆,说明情况后,工作人员在大连市水产供销公司的死亡职工档案中找到了他父亲的个人档案,在他父亲的《职工档案登记表》家庭成员一栏中找到了连同四个姊妹在内的家庭成员姓名,吕先生看到此材料后兴奋不已。

(7)改制企业档案在处理民生问题、维稳问题中发挥重要作用。

鞍山市铁西区企业服务中心所接收的改制企业档案利用率极高,自接收改制企业档案以来,调取、利用改制企业档案平均每月300余人次,400余卷数,需由调取档案资料来解决的问题占中心日常事务处理率的90%,

如职工个人办理公证、处理企业遗留问题,处理来信来访问题、职工拖欠社保保费和历年调资问题等。

鞍山市立山区企业离退休人员托管服务中心自2005年以来累计利用改制企业档案20000余人次、50000余卷。例如:企业失业并轨人员办理特殊工种退休需提供10年工资单原件,截至目前办理特殊工种退休近500人;改制企业职工房屋买产权,需查房屋回迁时交代建费收据;2012年文件规定可为"五七"工办理退休,经档案查询,为200余人提供了相关资料;2008年至2010年通过查找资料为400余名20世纪60年代精简下放的老职工恢复提高养老待遇。另外,办理房屋产权、更名、继承等均需提供履历表及有关资料。

二、充分发挥凭证价值,解决各类难题

改制企业档案为解决历史遗留问题发挥了重要作用。检察机关利用改制企业档案以追查职务犯罪,查找犯罪事实;国有资产和审计部门为国有资产清查查找依据;政府、企业为固定资产所有权问题查找依据;等等。例如,杨家杖子经济开发区利用档案解决了其在兴城市海滨乡境内105万平方米土地的权属问题,避免了经济纠纷,节约了亿元资金。阜新蒙古族自治县水泥厂职工到县政府上访,要求享受国家和社会养老保险,领取退休生活费及处置企业公房等。面对上访人员,县信访局到档案馆查阅了该破产企业档案,档案证实水泥厂破产后,县政府已经对该厂所有职工安置等问题进行了妥善解决,并形成专题会议纪要。面对当时的处理结果,上访人员无话可说,档案化解了矛盾。

1. 利用改制企业档案解决企业技术问题

苏州纺织机械厂在全厂搬迁过程中,厂内有部分资料已遗失。其中该厂剑杆织机是1986年开发的产品,一直生产至今,生产加工程序一直安装在机器中。可能是在搬迁中受到了影响,近期生产机床发生故障,凸轮加工计算机控制程序消失,严重影响了该厂正常生产。发生故障后,企业马上想到了移交存放在苏州市工商档案管理中心的实物档案中有该套程序的备份,于是立即与中心联系借阅。从档案要为公众服务、档案资源要开

发利用的原则出发,中心马上为企业查找相应的实物档案——计算机程序存储盘,并经领导同意后,提供给企业复制利用,企业借阅复制后马上在机床上重新安装,及时修复了机床上的控制程序,恢复了正常生产,减少了因加工机床停工而面临的损失。企业在正常生产后及时将备份交还给档案中心继续保管,认为放在中心既安全又方便,减少了企业的后顾之忧。

2. 利用改制企业档案为企业生产经营提供依据

企业档案形成于企业各个历程的各项活动之中,它具体地记录着各项企业活动的原貌,最终总体地反映了企业的全部历史。企业也会利用这些档案以在恢复生产中发挥依据作用,例如原南票矿务局苇子沟立井1994年停产关闭,后企业破产重组,在重新建立苇子沟矿时,利用了之前的图纸档案,为恢复生产省去了不少人力、物力、财力。

2007年煤炭市场形势好转,煤电公司计划恢复苇子沟矿。恢复苇子沟立井工程需要原1994年下马时的井巷工程生产交换图、生产测量实测竣工图,必须了解当年苇子沟矿井下采、井下巷道布置及采空区地址、巷道施工情况,和1993年度矿井瓦斯、煤尘、煤层自燃鉴定批复文件。工程设计人员在于三家矿和苇子沟留守处查不到任何有价值材料的情况下,到公司档案室查找到关于矿下马时的矿井瓦斯、煤尘、煤层自燃鉴定的"南煤通字〔1993〕40号"文件,以及苇子沟设计图纸(1∶500)、部分生产交换图(1∶2000)、苇子沟下马时的-300水平设计图纸(1∶500)、东一采区设计图纸(1∶1000)(1∶500)(1∶50),依据以上文件和图纸完成了苇子沟立井恢复生产可行性研究报告的设计基础资料,保证了苇子沟井恢复生产工程可行性研究报告评审顺利通过。这些基础资料对今后初步设计和施工图具有指导意义,同时避免再次组织人员入井实测,节省测量费用1000万元。

3. 改制企业档案为调查取证提供依据

2012年6月,大连市某局4名工作人员因工作需要,到大连市档案馆查阅某国有破产改制企业档案。档案馆工作人员先后为取证人员提供了2000年至2003年度相关部门对企业申请破产的批复文件和企业现金及银行存款明细账。通过查账,取证人员需提取2001年和2003年的两份凭证。在企业财会人员的协助下短时间内便查到了所需的凭证,为顺利调查取证提供了有力的证据。之后他们在查档留言中写道:档案馆查阅处的同志用热情周到的服务,诠释了档案工作服务群众、服务发展的理念,特向他们表示衷心的感谢!

4. 改制企业档案为解决破产企业遗留问题提供服务

阜蒙县水泥厂少数职工到县政府上访,提出要享受国家和社会养老保险、领取退休生活费及处置企业公房等要求。事实上,水泥厂依法破产后,县政府已解决了该厂所有职工安置问题,并形成了专题会议纪要。县信访局通过档案馆查找到当年形成的有关档案,包括县水泥厂依法破产对原在册正式员工实行经济补偿,对已退休的职工全部移交县社保局管理,对提前退休的职工其个人安置补偿费用全部用于缴纳未到法定退休年龄期间应缴纳的养老保险金,由县企业社保局办理提前退休手续,待达到法定年龄时,再享受养老保险金待遇等。面对这份档案,上访人员承认当年的处理已经相当公平,不再提出其他无理要求。信访局工作人员如释重负地说道:"如果不是这份档案,这个遗留问题不会这么快速而成功的解决。"

5. 为改制企业原始信息查找提供信息

锦州化学制药厂改制后将会计账簿、凭证等移交锦州市档案馆保存。2015年3月,因该厂过去使用的银行开户行和账号信息遗失,两名留守人员到档案馆查阅化学制药厂会计档案。锦州市档案馆工作人员密切配合,帮助调阅账簿5卷、凭证10卷,最终找回多个银行开户行和账号信息。

6. 改制企业档案在采煤沉陷区治理工作中发挥凭证作用

本溪市政府通过本煤公司四大矿区地下采掘全部档案记载,组织测算出全市采煤沉陷区治理面积为50.6平方公里,涉及住宅24237户,近10万名沉陷区灾民。本溪市政府依据档案提供的数据编制了《本溪市采煤沉陷区综合治理方案》,并通过国家审查批准,争取到了国家专项拨款10.5亿元,为沉陷区治理建立了不朽功勋。

7. 改制企业档案为收回土地所有权发挥凭证作用

原杨家杖子矿务局在兴城市海滨乡境内有1051819.8平方米土地,现产权应归属杨家杖子经济开发区。但始终没有取得土地所属权证书,这样土地权属容易产生纠纷。为了解决这一问题,该区土地部门到兴城等土地管理机关多次查找依据未果。该区档案馆主动查找多年的破产档案,检索到锦州市政府1974年、1978年关于杨家杖子矿务局在兴城市海滨乡境内拥有土地的批复,依此兴城市政府颁发了土地证书,确立了开发区的土地所属权,据保守估算,档案馆为经济开发区避免了亿元的经济损失。

8. 改制企业档案为宣传企业发展历史提供材料

渤海船舶重工有限公司在共和国成立60年之际恰好成立55周年,为宣传公司创业发展的历史,公司计划编撰《渤海船舶重工历史上的55个第一》一书,大量利用了公司改制前的档案。

与此类似的,档案馆或者其他机构、人员在举办一些活动、展览,或者开展编研、出版、媒体报道时,都会利用到这些改制企业档案。

三、大力开发改制企业档案资源

各地大力开发改制企业档案资源,充分利用丰富的资源。苏州市把工商档案管理中心建成国有改制企业档案保管基地和利用中心,通过档案史料陈列,努力把中心打造成爱国主义教育基地。另外,中国丝绸档案馆在苏州市工商档案管理中心的推动下申报成功,正在积极筹备建设中。挖掘利用接收的改制企业档案中保存的近现代苏州丝绸样本档案,成功申报世界记忆工程亚太地区名录,扩大了改制企业档案利用的社会影响和国际声望。

苏州市十分注重为今后的编研出版工作积累资料,在整合档案资源工作展开后,苏州市工商档案管理中心着手为档案史料的编研出版工作积累史料,归纳专题,初步形成了近五年内档案史料编研出版的规划。通过梳理中心库藏档案,对其中属于珍贵的、有历史意义的、有代表性的档案史料进行精选,集结形成《苏州市工商档案管理中心档案史料珍品选》。

第五节 改制企业档案管理中存在的问题

一、缺乏重视,处置工作难以落实

企业改制工作千头万绪,矛盾复杂,在企业改制的实施过程中,实施改制的组织者、企业主管部门及企业本身,重点的关注是资产清算、处置和职工的安置等和经济效益息息相关的问题,不愿意花费人力财力来对档案或者说是短期来看并没有什么价值的档案进行整理处置,以致档案处置工作未按照国家的要求列入企业破产清算内容之中,没有及时通知档案行政管理部门参与档案处置工作,经费得不到保障,档案保管条件恶劣,负责档案管理的人员严重不足,档案安全得不到有效的保障,甚至出现企业档案被作为废纸卖掉或被盗卖等严重问题,许多档案在企业破产过程中流失。另外一个层面上,在少数各级档案行政管理部门人员的观念里,改制企业档案工作是较为边缘化的工作,在指导、接收等方面也不积极,监管工作不到位,于是出现一些没有采取处置甚至不清楚档案具体情况的现象。

以辽阳为例,在国有企业破产改制后,仅辽阳地区就发生5起档案丢失、被盗事件,涉及档案数量数千卷。辽阳印染厂在破产清理工作期间,忽视档案安全保管,造成大量文书档案、设备档案和46名职工档案丢失,致使企业重组和职工安置工作受到影响;原灯塔化肥厂8名职工档案以及相当数量其他档案丢失;辽阳县新兴化工厂2912卷会计档案和35名死亡职工档案被卖掉;辽阳铁合金六分厂1984年以前3000卷会计档案被盗。

二、缺乏有力的政策制度,约束不利

在已有的制度政策当中没有明确档案部门地位和基础工作的内容。依据《破产法》的相关规定,企业破产由人民法院管辖,而人民法院与档案行政管理部门缺乏沟通。《破产法》也没有将档案的善后处理工作纳入企业破产程序之中,所以各级档案行政管理部门因无法可依而被排除在破产程序之外,不能进行有效的监督和管理,档案处置工作滞后于其他改制工作,改制企业档案的完整性、安全性得不到保障。

对于已有的档案处置制度政策保证措施不完善,导致政策约束不利。企业改制后原有主管部门撤销,政府对企业的行为少了,档案部门对企业档案工作的指导难度增大,对档案部门提出的意见,企业不一定听取,对于违反规定的部分也没有严令查处,使得有法不依的情况频频发生。

三、现有档案机构保管条件有限,接收困难

一是存储容量的限制。虽然各地近年来都在新建综合档案馆,但破产企业档案数量非常庞大,如要全部接收进馆,档案馆还是显得力不从心。

二是经费的限制。综合档案馆行政经费极其有限,即使改制企业有缴纳相关的档案处置费,但并不能实际用于档案馆改善保管环境,无法承担改制企业档案处置费用。

三是开发利用受人手、精力和专业性的限制。往往一些有价值的改制企业档案信息资源得不到有效及时的开发利用,无法发挥更大的效用。

四是企业对移交档案存有顾虑。一方面不信任档案馆或档案部门,认为直接放在本单位更为方便;另一方面实施改制的组织者、企业主管部门及企业本身对改制档案工作重视程度较低,更看重短期经济效益,不听取档案行政管理部门的指导意见,对于一些不直接与经济利益相关的档案不愿意花费人力、财力进行整理,只愿意直接移交。

四、非公有改制企业档案缺乏管理

随着市场经济体制改革的不断深化,企业改制和产权变动中档案处置问题日益突出,从调查情况来看,目前档案行政管理部门主要把精力集中在处置国有集体改制企业档案,现有的制度政策中缺少对这部分档案管理的具体说明,大多一句带过或根本无所提及。绝大多数综合档案馆没有把非公有改制企业的档案接收进馆。大量不进行破产清算程序的非公有企业,由于未与档案部门建立联系,也没有主管单位,破产后档案的去向完全由企业负责人个人意志决定;一些进入破产清算程序的非公有企业,也只是由法院将涉及清算案件的部分会计档案放入诉讼案卷内,其他文件材料

的处置则无人问津。

非公有制企业档案管理状况与企业的迅速发展是不适应的,中国现有的企业档案管理模式在现代非公有制企业中呈现出众多的不适应性,企业档案管理理论与实践停滞不前,大批企业档案未得到妥善保管,这对于中国企业文化的传承是十分不利的。事实上,非公有改制企业档案具有重要的现实作用和历史价值,应该妥善保存,非公有制企业档案管理工作亟待应有的重视,需要在相应调研的基础上,导入新的档案管理理念,构建合理的管理模式。

五、档案资源管理不善,利用不便

一方面,改制企业档案资源管理不善。由于企业处于改制状态,档案管理人员多是兼职,调动频繁,企业档案分类混乱,整理不够规范,目录编制不全等现象较为普遍。企业职工档案当中的用工手续、劳动合同书等原始材料遗漏、损坏、丢失现象也较为普遍,一定程度上影响到企业职工办理社保、退休手续。各级综合档案馆对接收进馆的改制企业档案的管理方法、手段较滞后,大部分档案没有经过保管期限的鉴定,档案数字化比例不高,或者数字化后也没有编制必要的检索工具,只能通过人工逐卷逐页查阅,特别在面对大量的企业会计档案(主要是工资单)时,查找利用须耗费大量精力。根据浙江省的调查,杭州市档案馆接收改制企业档案共443557卷,已数字化的只有4075卷;湖州市档案馆接收改制企业档案共14307卷,已数字化的只有1452卷;嘉兴市档案馆接收改制企业档案共27643卷,已数字化的只有4084卷;台州市档案馆接收改制企业档案10723卷,已数字化的只有4768卷;温州市档案馆接收改制企业档案共38531卷,金华市档案馆接收改制企业档案共94427卷,衢州市档案馆接收改制企业档案共130810卷,丽水市档案馆接收改制企业档案共60560卷,都没有进行档案数字化。

另一方面,不少档案馆对于改制企业档案资源的利用手续烦琐,使得一些不了解档案馆情况的普通公民在需要利用这些档案时必须花费过多的时间和精力。

第二章 企业改制的相关概念

从经济上看,中国社会主义市场经济是在以公有制为主体、包括私人经济在内的多种经济成分共同发展的条件下运行的市场经济。

本课题研究中,按所有制形式划分,将中国经济形式分为公有制经济和非公有制经济。

第一节 公有企业

公有制经济包括国有经济、集体经济以及混合经济中的国有成分和集体成分。而公有企业是指国有企业、集体企业以及混合所有制企业中的国有成分和集体成分占主导地位的企业。可以说,市场经济体制下的公有企业是实现特定政治或社会目的的经济组织。

第二节 非公有企业

非公有制经济包括个体经济、私营经济、港澳台投资经济、外商投资经济以及混合经济中的非国有成分和非集体成分。非公有企业是非公有制经济的主要市场主体,是非公有制经济组织的主要组成部分,是指归中国内地公民私人所有或归外商、港澳台商所有的经济成分占主导或相对主导地位的企业。

第三节 改制企业

改制企业是指依法改变企业原有的资本结构、组织形式、经营管理模式或体制的企业,包括兼并、破产、关闭、停止、出售、股份制改造、股份合作制和与外商合资、合作经营等发生产权变动的形式。

第四节 改制企业档案

改制企业档案是指企业改制前形成的档案及改制过程中形成的档案的总和,包括企业改制前的文书档案(党群工作类、行政管理类、生产管理类、经营管理类)、科技档案(产品档案、设备档案、科研档案、基建档案)、会计档案、人事档案及改制过程中形成并应归档的文件材料。

一、改制企业档案的构成

改制企业档案的内容构成是复杂的,这是由企业类型的多样性和企业活动内容的复杂性所决定的。改制企业档案的构成主要分为两部分:一是企业改制之前就存在的档案,二是企业改制过程当中形成的档案。

企业改制之前存在的档案包括文书档案、科技档案、会计档案、人事档案等。其中,文书档案包含党群工作类、行政管理类、生产管理类和经营管理类的档案,科技档案包含产品档案、科研档案、基建档案、设备档案。

企业改制过程当中形成的档案包括有关机关或单位的批准文件、终止财务决算报告及编制说明、财产清理报告书、评估立项申请报告及国有资产管理部门的评估立项通知、评估结果确认申请报告和评估机构出具的评估报告及国有资产管理部门的确认批复、国有股权管理报告及国有资产管理部门的批复、资产处置请示及国有资产管理部门的批复、资产处置结果报告、协议书、合同、企业章程等。

二、改制企业档案的作用

档案之所以需要保存和留传,是因为它具备特定的作用和价值。档案学基本理论将档案的一般性作用概括为凭证作用和参考作用。企业档案是档案资源的一大门类,企业在社会经济生活中所扮演的特定角色及其所具有的特定的活动性质,决定了档案对于企业和社会的发展进步具有相对

改制企业档案管理实践与创新

独特的功能和作用。

1. 记录改制企业历史

改制企业档案形成于改制企业的各项活动之中,是企业全部活动的真实记录,记录了企业发展和企业资产、产权变动的全过程,是企业科学技术和知识的重要载体。改制企业档案在重塑中国市场经济建设和社会发展历史记忆中发挥着不可替代的作用。应当指出的是,改制企业档案并不是为了记录企业历史而形成的,其形成的本来意义仅局限于满足它所形成的具体的企业活动对它提出的实用的需要,然而正是由于这种非为形成而形成的客观性和自然性,才使得改制企业档案反而能够真实而全面的记录改制企业历史,并由此引发出企业档案的其他作用。

2. 维系改制企业的正常运转

改制企业档案对于改制企业活动所提出利用需求的满足是多角度、多层次的。企业的信息流对于企业组织,好比血液对于人体,企业的信息系统向企业组织内的各个单位提供信息,改制企业档案是企业信息资源的重要组成部分,通过对改制企业档案的保存和整理,改制企业档案对于维系企业正常运转的作用得以实现,对企业的正常运转发挥着重要的维系作用,而改制企业档案的这一重要作用,也是实现改制企业效益最大化的一个基础条件。

3. 保障改制企业及其员工的合法权益

改制企业档案保存了大量与企业权益相关的法律性文件,当改制企业权益受到威胁时,改制企业档案便可发挥保护企业合法权益的作用。改制企业档案所具备的保护企业合法权益的作用,是改制企业在竞争中占据主动并获得不断发展的一个重要条件。

企业职工档案涉及千百万职工的切身利益和社会的稳定,是职工享受国家政策,接续养老、失业、医疗等项保险和办理退休手续的重要依据。例如,北票矿务局、杨家杖子矿务局、八家子铅锌矿、辽宁镁矿公司等大型资源性矿山企业的地质勘探档案和矿山建设档案,是国家几十亿的投入和几代矿山人辛勤劳动成果的结晶,其价值并不因为矿山企业的破产而失效。

第三章　国外（改制）企业档案管理概况

对国外企业档案管理的实践经验进行归纳总结，可以为中国改制企业档案管理工作提供经验借鉴。

第一节　国外企业档案管理模式

一、企业管理模式

企业管理模式是鉴于档案对企业的关键性作用，由企业自身开展档案管理项目，根据实际情况集中或分散管理本企业的档案信息资源。其驱动因素并非公共利益或研究兴趣，而是帮助企业实现商业目标、构建企业文化、提升公司声誉，为企业的经营发展服务。这类管理模式的代表国家主要有美国、英国、日本等。

在美国，很多企业是民营或私营企业，这就决定了大部分企业档案属于私有财产，很少有国家性质的公共保管机构安排资金和人员接收企业档案，国家行政组织不以任何形式干预企业档案工作，不制定统一的管理体系、标准和要求，更没有企业档案的联邦立法，只要法律许可，各企业完全根据实际需要自行设立档案部门。如美国电信公司档案馆设在公共关系部，摩托罗拉公司档案馆隶属于人力资源部，IBM公司档案馆附属于秘书室。

在英国，一些小型企业的档案一般由公司普通职员或退休人员利用网站指南和最佳实践建议来管理；大型企业往往雇佣专职档案工作者建立现代企业档案管理项目，这些专业的档案工作者具有研究生水平并进行过专业注册，企业可以在专业出版物或档案协会网站上刊登招聘启事。

在日本，档案管理模式较为多样化，多数企业选择了分散管理的档案管理体制。档案都放在形成部门,无须移交。部分设置档案室,有的接收、管理各部门档案,有的只管理企业历史档案,也有的负责整个企业的档案管理。

二、社会管理模式

社会管理模式主要分为商业性机构管理和公共性机构管理。

商业性文件中心是社会管理模式比较常见的一种,它是私人创办的以赢利为目的的寄存机构,配备现代化存贮设施,专门为企业提供档案寄存服务,档案所有权仍属于企业且不对外公布。美国企业档案商业外包服务发展得已较为成熟和完善。据估计,美国有约2000家文件管理公司,市场渗透率达40%,以Iron Mountain和Recall Corporation两家跨国型商业性文件中心最具知名度。前者在全球37个国家和地区建立了600多个分支机构,拥有12万客户;后者在21个国家和地区建立了300多个分支机构,拥有8万客户。除提供保管业务外,商业性文件中心还提供其他服务,如美国"历史工厂"面向所有企业,通过签订合同,提供场地保管、加工制作录像片、编辑出版物、举办展览等服务。

在国外,很多社会性公共机构将企业档案作为馆藏的组成部分。如英国基于工业革命以来企业通过纳税、创造就业机会为社会做出的贡献,认为公共机构有道义上的责任保管企业档案。英国企业基于法律和财政考虑,在两种情况下将档案移交给公共部门:一是捐赠,企业因此放弃对档案的法定权利,如知识产权(但享有优先利用权),接收方将完全对馆藏负责;二是寄存,企业保留所有权,但需一次性或持续性地支付保管费用。再如澳大利亚,其国家和州图书馆的档案和手稿收藏部、国立大学的诺埃尔·巴特林档案中心及墨尔本大学档案馆等,都是企业档案公共管理模式的成功典范。档案馆是澳大利亚联邦政府文化捐赠项目的合法捐赠地点之一,符合价值评估标准的企业通过捐赠档案可获得税收优惠,这种激励政策使得企业乐于将档案捐赠给公共机构。向公共机构捐赠档案,既利于企业档案遗产的公共利用,又能使企业从中获益。

三、国家管理模式

国家管理模式是指由政府设立专门的国家级别的企业档案保管机构来管理全国范围内的企业档案,它将收集、存储与科学利用企业档案视作一种文化行为。

丹麦国家企业档案馆的运行资金由公共财政提供,主要是丹麦政府及奥胡斯市(档案馆所在地)的财政拨款;另外,还有一些研究基金会和公司提供部分赞助资金,但这些捐款一般用于特殊目的,如特殊的研究项目或出版活动,这就避免了因私有赞助取消而出现无法运转的现象。丹麦国家企业档案馆虽然不是私有档案的唯一保存场所,却是唯一致力于私有档案管理的公共机构,因此它被赋予对丹麦私有档案整体上的监管任务。

在德国,最早负责保存地区内企业档案的经济档案馆已有约百年历史,它们大多由工商会出资建立,主要保存那些破产、倒闭公司的档案以供科学研究之用。目前德国共有十几家经济档案馆,负责收集德国所有地区破产企业的档案。

法国文化部以鲁贝为基地建立的劳工档案中心,是一间国家性质的保管企业档案的公共机构,负责收集不同企业、贸易团体的档案。

四、国家/市政模式

俄罗斯企业档案管理的状况有些特殊。20 世纪 90 年代初期,随着国家和市政机构以及企业的私有化,大部分被私有化的国家和市政机构及企业成为这个时期国家和地区、城市(以后的市政)档案馆收集资料的来源,即在他们活动中形成的和被保管的与俄罗斯联邦档案全宗有关的,并且根据机关保管期限应该向相应的国家或者市政档案馆转交的档案。除此之外,在这些机构的档案馆里集中了大量的员工档案,这些档案的社会意义显而易见。保管和利用这些档案是遵守俄罗斯联邦公民宪法法律的重要因素,包括满足他们的社会法律咨询。

根据国家或者市政档案馆的结论,私有化机构的档案要在整理后转交到该机构法定继承人那里临时保管,该机构必须负责保管这些档案,并根据现行法律保障这些档案的利用。如果没有继承人,就由相应的国家或者市政档案馆接收。实施临时保管与俄罗斯联邦档案全宗国有部分相关的档案以及员工档案的法定继承人,通过通报保存档案文件的信息,按照固定程序提供可信的复制件和文件摘录、保证合法权利和公民自由、提供文件或者用于研究的复制件等方法,保障法人和自然人获得以前的信息权利。

20世纪90年代中期开始,随着经济改革中大量企业的破产,这些破产企业档案的管理问题迫切出现,俄联邦档案局向俄联邦主体领导下达了一系列任务,包括采取措施管理破产过程中撤销机构的档案文件;研究在境内加强档案机关物质技术基础;寻找库房接受档案;发展有关员工档案文件的专业档案馆网。

第二节 国外企业档案管理模式的特点和启示

一、管理模式因国(地区)、因企而异

企业档案管理模式与一国(地区)的社会制度、政治经济体制、文化传统、社会心理等因素密切相关。国家管理模式适用于单一制、规模较小、中央政府权力较大的国家,主要是基于社会记忆完整性目的为全社会保留珍贵的文化遗产;企业管理模式适应性较强,自发性较大,档案管理业务活动灵活;社会管理模式作为前两者的补充,可以保障企业档案能够被专业系统地保存。具体到每一个国家(地区),其企业档案管理模式并非相互独立,而是兼容共存,像美、英、德、法、日等国,社会管理模式和企业管理模式同时存在,而且即使同一个企业也不完全实行单一模式,由此可见,管理模式只是手段,目的在于企业档案价值的实现。

对于破产企业档案的管理,特别是非公有制破产企业档案的管理,绝大多数国家认为,私有财产神圣不可侵犯,很少有国家性质的公共保管机构安排资金和人员接收企业档案,国家行政组织不以任何形式干预企业档案工作。但是,俄罗斯基于自己的国情颁布实施《国家和市政财产私有化

档案文件登记程序条例》,认为俄罗斯联邦档案全宗国有档案不应该私有化,并且可以按照《关于俄罗斯联邦档案全宗和档案馆立法基础》规定的程序,收归国有。不应该被私有化的文件目录和文件数量要在标准的私有化计划里指明,无须指明它们的价值。被指明的档案不属于私有化机构的财产,无论其将来的保管地点在哪里,都归国家或者市政所有。这与苏联是社会主义国家不无关系。对于同样是社会主义国家的中国来说,在市场经济条件下出现了许多新的情形,特别是以公有制经济为主体,多种经济共同发展的基本经济制度的确立,更是让(改制)企业档案管理面临众多新的问题,俄罗斯对于苏联档案全宗国有档案不应该私有化的规定对于我们具有很大的启示。

二、企业档案服务以商业利益为主,兼顾公共利益

企业档案作为社会档案资源的重要组成部分,具有重要的社会意义和商业价值。在国外,企业档案管理主要服务于两个方面,首先也是最主要的是商业利益;其次是公共利益,最大限度地发挥档案资源的价值,发挥档案的凭证参考作用,使企业档案服务经济、服务企业、服务社会,使企业档案资源产生的利益最大化。

企业档案管理模式要兼顾企业档案商业的、行政的、法律的价值及其社会的、文化的、历史的重要性。国家层面上,英国、澳大利亚、加拿大等国明确将企业档案视为国家财产;企业层面上,国外很多公司一定程度上提供档案的外部利用服务,对来自学者、媒体及社会公众的利用请求予以回应,作为企业履行社会责任的体现。如英国电信公司的"联系地球"计划,将档案馆内上千张具有历史意义的图片公布于世;ATT 档案馆与历史中心被认为是美国最大的企业档案馆,在档案产生 30 年后许可用于学术研究。

三、加强企业档案管理工作中的交流探讨

无论哪种管理模式,增进企业间的沟通交流、企业档案保管机构间管理经验的研讨等方面都显得尤为重要,而国外主要采用设立企业档案协会的方式。如日本企业史料协会发布《企业档案馆指南》,详细记录全国范

围内的企业档案保管信息;美国档案工作者协会自发设立企业档案工作处,每年不定期地召开企业档案工作研讨会。此外,德国经济档案联盟、意大利基金会、法国企业档案安全保护委员会等,在其企业档案趋于理性、科学的管理上发挥着重要作用。

四、加强企业档案的社会化管理

在国外,无论是商业性还是公共性的企业档案社会化管理模式,都使得企业档案能够被专业地分类并完整地管理,一定程度上避免了企业自身保管的弊端,使得企业档案能够在良好的质量环境下趋于规范化、专业化、集约化管理。现代城市是人类物质文明、精神文明高度发展的产物,企业档案的管理应紧贴城市的发展脉络,通过规范化的社会管理,开发管理企业档案信息资源,提供各类企业档案服务。企业档案社会化管理不仅可以满足利用者的需求,还有日益广泛的社会认可与社会生活的密切联系,以及随之而来的社会理解支持和各方资源的集中优化。

目前中国的企业档案托管模式有三种,即各级档案馆挂牌设立的寄存中心、工商局设立的寄存服务中心、以民营企业为对象的完全商业化的托管公司。但中国尚未形成企业和公共保管机构之间的良性合作机制,接收标准、移交手续、法律责任、权限分配、鼓励政策等问题仍有待解决。中国在市场经济时代背景下,实行公司制托管模式,有助于促进健康的企业档案托管消费并建立起良性的社会评价机制。在社会记忆视角下,加强企业与公共机构合作,以便保留人类工业文化遗产,这种社会化管理模式不失为今后中国企业档案管理的一种有效方式。

第四章　改制企业档案资源集中统一管理的必要性与可行性

随着社会主义市场经济和企业产权制度改革进程不断向纵深发展，改制企业档案管理工作面临着许多新课题，改制企业档案作为档案领域中一个重要组成部分，更是出现许多新情况，遇到一些新问题。根据当前中国经济发展的环境与中国档案工作的背景，结合中国辽宁、浙江、广东、江苏等地的成功实践，借鉴国外不同的企业档案管理的方式，可见对改制企业档案资源实行集中统一管理是必须的，也是可行的。

第一节　改制企业档案资源统一管理的必要性

一、改制企业档案资源是国家档案资源的重要组成部分

国家档案资源是指过去和现在国家机构、社会组织及个人产生的具有国家和社会保存价值的档案。改制企业档案是产权制度改革大背景下，原有国有（集体）企业在改制之前，国家所拥有的企业档案或改制过程中形成的应由国家拥有的档案资源的总称。由于改制企业档案资源是国家档案资源的重要组成部分，国家档案资源应由国家管理，那么改制企业档案资源也理应由国家管理。改制企业档案资源既是企业资产，也是国有资产重要的有机组成部分，是一个地区或地方近现代工业历史发展阶段的真实写照和工业企业文化的积淀，是维护职工的合法权益、构建和谐社会的依据，是研究探寻地方民族工业企业发展和自主创新的重要素材，是反映一个地区或地方工业发展历程不可再生的历史和文化资源。改制企业档案资源一旦缺失，将给地区经济、社会稳定、企业发展、历史传承、百姓利益等造成不可估量的负面影响。

随着产权制度改革的不断推进,改制企业档案管理体制受到了前所未有的挑战,改制企业档案资源的完整与安全面临着空前的危机。

二、改制企业档案管理现状的迫切需求

在全面推开国企改革的初期,由于当时改制办忙于应付错综复杂的国企改革问题,对改制过程中档案的处置问题未给予高度的重视,使得档案处置问题耽搁了一段时间。但随着改革的不断深入,诸如清产核资、土地所有权的确认、职工工龄、债权债务、劳动福利等问题的出现,凸显出企业档案不可或缺的作用。

据档案行政管理部门不完全统计,苏州市改制企业档案有184万多卷,这些档案作为企业改制资产的一个组成部分,凝聚着苏州近现代工业历史和文化,关乎着退休职工诸多权益,联系着改制后企业的发展、腾飞、再生。由国家档案行政部门牵头集中统一管理是改制企业档案管理的迫切需求,也是这批意义重大的档案资源处置方式的最佳选择。

三、改制企业档案资源集中统一管理的意义

改制企业档案资源集中统一管理对中国档案事业和社会发展具有重要意义。第一,有利于国家档案资源的共享。改制企业档案资源集中统一管理,开创了企业档案资源共享的新模式和新路子。以苏州市工商档案管理中心为例,整个市属工业系统档案资源集中统一管理,对国家、档案行政管理部门、改制企业、社会和老百姓只有好处,没有坏处。第二,有利于和谐社会的建设。随着各项改革的不断深入,涉及老百姓利益的,诸如办理个人养老金、医保、核准工龄、办理财产公证、出国证明、独生子女证明、工伤认定,以及企业经济纠纷、资产评估等等,都需要提供翔实可靠的档案信息和原始凭证,改制企业档案资源集中统一管理真正体现了为民、为企业办实事,档案资源的共享为构建和谐社会做出了应有的贡献。第三,有利于社会经济建设的发展。在由计划经济向市场经济转型的过程中,中国的企业相应地进行了改制。实行企业改制有利于中国吸取世界各国企业管理的经验,有利于中国进行深化的经济体制改革和市场经济发展。企业档

案也记录了中国经济发展的全过程,所以加强对改制企业档案的管理,对深入研究市场经济的发展具有重要意义。原有国有企业大多改制成了非公有制企业,如果档案不进行集中统一管理,就有可能大量散失,这对国家和改制企业没有好处,只会制约社会经济的发展。第四,有利于建设节约型社会。集中统一管理的成本肯定比分散管理的成本来得低,节约人力、财力和物力。

第二节 改制企业档案资源集中统一管理的可行性

一、改制企业档案资源集中统一管理的政策依据

《档案法》和《档案法实施办法》明确规定:"国有企业、事业单位资产转让时,转让有关档案的具体办法由国家档案行政管理部门制定。"按照国家档案局等四部委局 1998 年 3 月 5 日颁布的《国有企业资产与产权变动档案处置暂行办法》有关规定,产权改革前的"国有企业档案是国有企业全部活动的真实记录和宝贵财富,是企业资产的依据和凭证,属国家所有"。《暂行办法》第六章明确了档案行政管理部门、政府综合经济部门和国资管理部门对档案处置工作的职责,明确了各行业主管部门和各企业主管部门负有档案处置的组织管理职能。应当说建立集中统一管理改制企业档案是有相关的法律法规依据的。

二、改制企业档案资源集中统一管理已具备软硬件基础

随着科学技术的不断进步,档案工作的硬件配置也在不断更新换代。设施方面,库房的建设技术和防护措施已经达到相当高的水平。先进的档案管理设备、办公设备使档案管理机构的工作更加有效率,更加安全。如自动报警系统,闭路电视监控系统,扫描仪以及各种类型的档案管理软件等。这些先进设备的品种和创新层出不穷,从而保证了档案管理机构集中统一管理改制企业档案的高效率,保证了对广大企业和相关部门服务的品质。

在档案资源信息化建设的过程当中,信息系统平台的建立,数据库系统的建立以及标准化、安全化系统的建立都是十分重要的环节。随着信息技术的不断发展和革新,为了满足广大档案工作者的功能需求,已经逐渐出现了相对来说比较完善的系统功能。

同时,随着经济的飞速发展,为适应新时期档案管理工作的需要,中国建立了一批新型的档案管理机构,如文件中心、档案咨询中心、档案寄存中心以及现行文件资料中心等。虽然这些机构大多属于商业化营利性质,但是它们的建立不仅壮大了档案管理机构的规模,而且对改制企业档案统一管理工作起到了相当积极的作用,推动了相关档案管理事业的发展。

三、互联网给改制企业档案集中统一管理带来无限可能

从互联网创建的那一天开始,世界各地仿佛不再那么遥远,人们通过互联网可以无时间限制、无地域限制地获取有用的信息资源。而网站的设立也实现了资源的共享,节约了资源。互联网的存在以及它不断扩大的使用范围,还有它强大的影响力和宣传力,都将为新型的档案管理机构增添强有力的臂膀。新型管理机构可以通过互联网更加便捷地获取有用的信息资源,改善馆藏档案资源的结构,并且为利用者提供及时、全面、高效的优质服务。李克强总理在政府工作报告中提出制订"互联网+"行动计划,具体来说,"互联网+"战略就是利用互联网的平台,利用信息通信技术,把互联网和包括传统行业在内的各行各业结合起来,在新的领域创造一种新的生态。在此背景下,"互联网+档案"的尝试就具有深刻的时代烙印,"互联网+档案"行动计划整合互联网与各行业的资源以达到效用最大化。"互联网+"代表一种先进的生产力,推动经济形态不断地发生演变,正在为改革、发展、创新提供广阔的网络平台,中国档案信息化事业正在蓬勃发展,"互联网+"思维正为改制企业档案集中统一管理带来无限可能。

随着企业改制工作的开展,改制企业档案工作中出现了一些新情况、新问题,如何规范改制企业档案工作,怎样引导企业进行档案管理等问题,这些都值得认真研究。因此,为了有效地防止改制企业中国有档案的流

失,档案行政管理部门必须加强对改制企业档案进行指导和管理,集中统一管理改制企业档案,不仅要对改制企业的档案进行妥善的保管和存放,同时也要对档案所承载的信息资源进行开发和提供利用,最大限度地发挥改制企业档案的作用。

做好改制企业的档案管理工作,是一项艰巨、任重而道远的任务,对防止国有、集体资产的流失,维护广大人民群众的根本利益,维护社会的稳定,都具有十分重要的意义。

做好改制企业档案管理工作需要不断完善管理机制,把创新服务机制贯穿改制企业档案管理之中,坚持把保护国家档案财富,防止国有、集体资产流失,维护企业职工切身利益,服务于社会经济的发展作为改制企业档案处置工作的总体思路与根本的价值取向。全面了解目前改制企业档案的现状,明确改制企业档案的归属和流向,对改制企业档案进行集中统一的规范化管理,通过集约化管理、市场化经营的管理理念,不仅对档案进行安全的管理,同时也对档案所承载的信息资源进行专业化的开发,使改制企业档案工作服务于社会。

第五章 改制企业档案处置细则设计

第一节 改制企业档案处置原则

1. 安全性原则

为规范改制企业在资产与产权变动中的档案处置行为,防止国有资产和档案的流失,改制企业档案的处置应以安全性为首要原则。

一方面,应保证改制企业档案实体的安全,改善保管条件,加强保护措施,防止档案散失、损毁等情况发生;另一方面,应保证改制企业档案信息的安全,注意维护国家安全和国家利益,保守国家机密,保护企业商业机密和个人隐私,维护国家和人民的安全,维护档案的安全。

2. 合法性原则

在维护档案资料的安全,保守国家机密、企业商业秘密、个人隐私、防止档案流失的前提下,改制企业档案的处置应以合法性为基本原则。严格贯彻执行国家有关档案工作的法律法规,依法治档,根据《档案法》《国有企业资产与产权变动档案处置暂行办法》等法律法规对改制企业档案处置的机构、组织、人员、档案的价值评估以及改制企业档案的最终归宿等做出规定,保证改制企业档案处置的合法进行,对于违反法律法规的,必须严惩。

3. 合理性原则

改制企业档案处置应以合理性为重要原则。针对不同企业不同类型的改制企业档案,应依据实际,针对不同情况和问题进行调整,区别对待,明确归属与流向,确保流向的合理性,并明确处置、接收、寄存的一系列流程,使破产企业档案处置合理。

4. 连续性原则

改制企业档案的处置要有利于企业保持经营管理的连续性。改制企业档案的利用是改制企业档案管理的基本出发点,是改制企业档案工作的最终目的,保持改制企业经营管理的连续性是改制企业档案处置的关键性原则,是企业工作本身对改制企业档案的现实要求。

5. 利益最大化原则

改制企业档案的处置应维护国家和广大人民群众利益,使改制企业档案资源产生的利益最大化。改制企业档案处置中应最大限度地发挥档案资源的价值,发挥档案的凭证参考作用,使改制企业档案继续服务经济、服务企业、服务社会,避免改制企业档案变为死档案。

6. 维护国家安全和社会利益原则

改制企业档案的处置应保卫中华人民共和国人民民主专政的政权和社会主义制度,保障改革开放和社会主义现代化建设的顺利进行。建立健全改制企业档案处置工作的相关制度、协调机制、应急保障体系,这是改制企业档案处置的根本原则。

第二节 改制企业档案处置组织工作

改制企业档案处置工作是企业改制工作的一项重要内容,应列入其工作职责和程序,并确保与企业改制工作同步进行。

改制企业应成立企业档案处置工作领导小组,负责档案的具体处置工作。领导小组由改制机构负责人、企业主管部门档案工作负责人、改制企业分管档案工作负责人、企业主要业务部门负责人和企业档案部门负责人组成。领导小组在驻企业改制联络组、清算组的领导下负责档案处置工作,研究处理有关重大问题,主持鉴定档案的留存与销毁。改制企业的法定代表人及有关责任人在改制程序终结前对档案的安全保管负责,任何单位和个人不得非法处置企业档案。

各级档案行政管理部门是各类改制企业档案管理工作的行政主管机关,负责改制企业档案处置工作的监督和指导。企业在改制前应按隶属关系及时报告企业主管部门和当地同级档案行政管理部门,各行业主管部门应协同各级档案行政管理部门做好本行业、本系统的改制企业档案的处置工作。

改制企业档案处置工作结束前,档案库房、设备、装具及必要的办公用具等,不得挪作他用。各地区要集中统一保管和提供利用本区域的对国家和社会有保存价值的改制企业档案。企业改制过程中,档案的整理、鉴定、移交、寄存等工作所需费用,由原企业或接收单位支付,破产企业从破产费用中支付。需要向所在地国有档案机构或社会档案保管服务机构寄存档案的,由原企业支付,破产企业从破产费用中支付。

第三节　改制企业档案的处置依据

一、公有改制企业档案的处置依据

1. 公有企业档案与企业资产的关系

在市场经济中,与非公有企业相比,公有企业除了具有营利性这种企业的一般属性外还具有社会性,因而公有企业既具有营利功能,同时也具有社会功能。在中国,公有企业的财产所有权归属都是明确的,《中华人民共和国企业国有资产法》第三条规定:"国有资产属于国家所有即全民所有。国务院代表国家行使国有资产所有权。"

按照现有资产的定义,资产是指企业过去的交易或事项形成的,由企业拥有或控制的,预期会给企业带来经济利益的资源。企业档案记录了企业的发展,是在企业发展运营过程中直接形成的原始记录。根据相关规定,企业对其档案具有保管权,能够为企业拥有、控制。企业档案在特定情况下会成为能够给企业带来经济利益的资源,是一种间接的、辅助性的资源。在某些特定情况下,企业档案能够发挥其参考、借鉴价值,从而间接地为企业带来经济利益。企业档案具备一种资产性或者说是潜在资产性。

2. 公有企业档案的权属分析

档案作为记录、存储和传递知识信息的物质载体,是一个有形的实体,它是知识信息通过物质外壳而显现出来的客观存在。档案的这一性质和民法上的"物"所具有的物质性是一致的。民法上所指的物是指存在于人身之外,能满足人们的社会需要,而又能为人所支配的物质产品,所以档案属于民法上所规定的物。而以物为客体,民法上产生了一项很重要的权利——物权,而所有权是物权的重要内容,所有权历来被视为财产关系的核心,在罗马法中,所有权是古代罗马私法中一个极为重要的概念,具有绝对性、排他性、永续性等特征。《中华人民共和国档案法》首次提出了档案所有权这一重大理论与现实问题,所有权是物权的一种,中国《物权法》39条规定:所有权是"所有权人对自己的不动产或者动产,依法享有占有、使用、收益和处分的权利"。公有企业对本单位档案所有权也是民事权利的一种,受《宪法》《民法》和《档案法》等法律的保护,《宪法》第12条明确规定:"国家保护社会主义的公共财产。禁止任何组织或者个人用任何手段侵占或破坏国家的和集体的财产。"《民法通则》第71条规定:"财产所有权是指所有人依法对自己的财产享有的占有、使用、收益和处分的权利。"

下面将分别从占有、使用、收益和处分四项基本权利分析公有企业档案的权属问题。

第一,保管权。企业对自身档案的占有权主要表现为企业对本单位的档案享有保管和控制的权利,尽管公有企业财产属国家所有,但是国家不能随意剥夺公有企业法人财产的占有权。《档案法实施办法》第12、13条规定:"机关、团体、国有企业事业单位形成的档案应由本单位档案机构或者档案工作人员集中保管;任何人都不得据为己有或者拒绝归档。"保管只是占有的一种形式,其最终目的在于控制。纵向上看,公有企业档案属于国有资产,应当为全民所有,但它却为公有企业所控制、保管。横向上看,社会中往往存在诸如租赁、质押、借用、代管、寄存等所有物由他人控制、保管的现象,如果公有企业有需要,将企业档案委托给档案馆或档案寄存中心保管就属于此类情况,但企业依旧对寄存保管档案具有所有权和控制权。由此可见,无论是相对于国家、全民还是相对于地方档案保管机构,公有企业均对其产生的档案有保管权。

第二,使用权。企业对自身档案的使用权主要指企业对档案的利用权。公有企业档案使用权主要是对档案的阅览、复制、摘录、借鉴等。在企业发展的过程中,时常会遇到借鉴之前业务经验或进行历史回顾等需要,很多都蕴含巨大的经济效益。《档案法实施办法》第 22 条规定:"机关、团体、企业事业单位和其他组织的档案机构保存的尚未向档案馆移交的档案,其他机关、团体、企事业单位和其他组织以及中国公民需要利用的,须经档案保存单位的同意。"所以,公有企业对档案的利用权具有排他性,这种排他性权利是企业维护自身利益的必要权利之一。

第三,收益权。企业对自身档案的收益权是指企业具有通过对自有档案的利用和处分而获得收益的权利。公有企业产生、保存的档案大多记录了企业自身的发展以及企业过往的业务执行过程及其结果,公有企业档案是一个企业的缩影,蕴含的信息与知识往往能够在关键时刻为企业带来可观的效益。企业档案作为企业以往业务的原始记录,内容上包含了许多值得后期借鉴与参考的经验办法,对于一些在执行中遇到困难、问题的业务能起到很好的点拨效果。企业档案作为企业最为集中全面的"知识蕴藏体"往往会为企业带来高效益,企业档案的利用越来越多的同企业经济利益挂钩。企业有权拒绝或限制他人对本单位档案的利用,以防止收益权被侵害。企业对档案的排他性使用权正是对收益权的保护。

第四,处分权。企业对自身档案的处分权是指对档案的公布、开放、销毁、出卖、转让、赠予等权利。在中国,对于档案的处分,公有企业只有部分决定权,没有独立决定权。《档案法》第 17 条特别规定:"国有档案只能由各级各类国家档案馆,以及形成档案的国家机关、团体、国有企事业单位保管机构公布和销毁,国有档案禁止出卖。"《档案法实施办法》第 24 条规定:"利用属于国家所有的档案的单位和个人,未经档案馆、档案保存单位同意或者有关主管机关的授权或者批准,均无权公布档案。"第 18 条规定:"国有企事业单位因资产转让需要转让有关档案的按照国家规定办理。"《国有企业资产与产权变动档案处置暂行办法》对档案的处分做出了政策性界定。

二、非公有改制企业档案的处置依据

非公有档案是指国有档案以外的所有档案,即由国家以外的权利主体享有直接支配和排他权利的档案。档案所有权是指档案所有人依法对自己所拥有的档案财产享有占有、使用、收益和处分的权利。按照《民法通则》和《物权法》的有关规定，国家以外的物权和所有权的权利主体为集体、个人（私人），还包括由集体和私人依法出资设立有限责任公司、股份有限公司或者其他企业等。就非公有企业而言，企业档案是企业对其财产归属的静态确认和对财产实体的静态占有，并且在市场经济高度发达时期，这一法律意义上的产权概念已经日益深化，其含义比原来宽泛得多，非公有企业也随之形成了对企业档案财产实体的动态经营和档案财产价值的动态实现。可以说，非公有企业作为法定主体，对其档案财产享有充分完全的产权。

企业档案作为企业全部活动的真实记录，记录了企业发展和企业资产、产权变动的全过程，是企业科学技术和知识的重要载体。企业档案资源的流失，不仅会导致企业的发展出现空白点，也极有可能造成中国市场经济建设和社会发展历史记忆的缺失。档案行政管理部门作为《中华人民共和国档案法》明确指定的档案监管机构，是政府参与企业档案处置过程、监管企业档案流向、服务企业档案工作的重要窗口。

非公有企业档案数量庞大，并非都需要国家予以监管。《中华人民共和国档案法》第16条规定：只有具有重要历史价值和与公共利益有关的、对于国家和社会都具有重大意义的非公有企业档案才必须得到国家的监管。而之所以档案行政部门能对非公企业的一部分档案有监管权，主要是基于公共利益和私人利益的平衡。

第四节　改制企业档案的归属与流向

一、公有改制企业档案的归属与流向

公有企业兼并、破产、关闭、停止、出售、股份制改造、股份合作制和与外商合资、合作经营等其他改制企业档案的归属与流向如表10所示。

表 10 公有改制企业档案归属表

改制形式	档案类别	档案归属与流向
公有企业破产、关闭、停止	全部档案	国有档案机构
公有企业被非公有企业兼并	文书档案	国有档案机构
	部分(专利及知识产权、国安、涉密)产品档案	国家档案馆
	部分(专利、国安)科研档案	国家档案馆
	无去向人事档案(含已故人员)	国有档案机构
公有企业股份制改组(国有不控股)、公有企业与外商、外资合作(中方不控股)	文书档案	国有档案机构
	部分(专利及知识产权、国安、涉密)产品档案	国家档案馆
	无去向人事档案(含已故人员)	国有档案机构

公有企业改制档案的处置,原则上分类进行:

(1) 党群工作、行政管理档案应移交企业主管部门,寄存所在地国家档案馆。

(2) 生产管理、经营管理档案由双方商定,可移交接收方,亦可随党群工作、行政管理档案移交企业主管部门,寄存所在地国家档案馆。

(3) 基建档案、设备仪器档案随其实体归属。

(4) 产品、科研档案(其中含专利、商标、专有技术等档案)按有关政策法规办理,没有规定的由档案行政管理部门、国有资产管理部门和交接双方商定处理。

(5) 会计档案可按以下规定进行管理:① 单位分立后原单位存续的,其会计档案应当由分立后的存续方统一保管,其他方可查阅、复制与其业务相关的会计档案;单位分立后原单位解散的,其会计档案应当经各方协商后由其中一方代管或按照国家有关规定处置,各方可查阅、复制与其业务相关的会计档案。单位分立中未结清的会计事项所涉及的会计凭证,应当单独抽出或转存并由业务相关方保存,并按规定办理交接手续。

② 单位因业务移交其他单位办理所涉及的会计档案,应当由原单位保管,承接业务单位可查阅、复制与其业务相关的会计档案。对其中未结

清的会计事项所涉及的会计凭证,应当单独抽出由业务承接单位保存,并按规定办理交接手续。

③ 单位合并后原各单位解散或一方存续其他方解散的,原各单位的会计档案应当由合并后的单位统一保管。单位合并后原各单位仍存续的,其会计档案仍应当由原各单位保管。

(6)公有改制企业干部职工档案按中央组织部、人事部《流动人员人事档案管理暂行规定》执行。改制企业工人档案的管理按劳动部、国家档案局《企业职工档案管理工作规定》执行,企业下岗职工档案按有关规定执行。

(7)公有企业依法实行破产、关闭或停止的,其全部档案属国家所有,由国家档案馆或其他国有档案机构管理。

(8)公有企业被非公有企业兼并:① 党群工作、行政管理、生产管理、经营管理类文书档案属国家所有,应按隶属关系移交企业主管部门或国有档案机构,也可由企业主管部门或所在地档案行政管理部门指定有关的企业代为保管。

② 涉及专利、知识产权、国家安全、国家秘密的产品档案属国家所有,应按隶属关系移交企业主管部门或所在地国家档案馆,也可由企业主管部门或所在地档案行政管理部门指定有关的企业代为保管。

③ 涉及专利、知识产权、国家安全、国家秘密的科研档案属国家所有,应按隶属关系移交企业主管部门或所在地国家档案馆,也可由企业主管部门或所在地档案行政管理部门指定有关的企业代为保管。

④ 无去向的人事档案(含已故人员)属国家所有,应按隶属关系移交企业主管部门或国有档案机构,也可由企业主管部门或所在地档案行政管理部门指定有关的企业代为保管。

(9)公有企业以其全部资产或部分资产改组为股份制企业的,改组后仍为国有控股的企业,其档案由股份制企业管理;改组后为国有不控股的企业,其文书档案属国家所有,由国有档案机构管理;涉及专利、知识产权、国家安全、国家秘密的产品档案属国家所有,应按隶属关系移交企业主管部门或所在地国家档案馆;无去向的人事档案(含已故人员)属国家所有,由国有档案机构管理。

（10）公有企业与外商合资、合作，由中方控股、中方管理的，其合资、合作前的档案属国家所有，保管在新的企业，供其所用；非中方控股的企业，其文书档案属国家所有，由国有档案机构管理；涉及专利、知识产权、国家安全、国家秘密的产品档案属国家所有，应按隶属关系移交企业主管部门或所在地国家档案馆；无去向的人事档案（含已故人员）属国家所有，由国有档案机构管理。公有企业的分厂、车间与外商合资、合作的，合资、合作前的档案属原企业；合资、合作后的档案在合资、合作期满，终止合同时，由中方保存，根据外方需要，可以提供复制件。

（11）军工企业被非军工企业兼并，属国家机密的档案，由其行业主管部门决定其归属。

（12）公有企业之间全部兼并的，被兼并企业的档案归属于兼并企业或新设置的企业，由兼并方统一管理，单独保存。公有企业部分兼并的，被兼并企业的档案仍然归属原企业，由被兼并方管理，兼并方可以复制使用。

二、非公有改制企业档案的归属与流向

非公有企业实施兼并、破产、关闭、出售、股份制改造等产权变更时，其档案的归属与流向如表11所示。

表11　非公有改制企业档案归属表

改制形式	档案类别		档案归属与流向
非公有企业破产、关闭、停止（对国家和社会有保存价值或涉及企业职工切身利益的档案）	文书档案	行业龙头	国有档案机构
		知名品牌	
		其他	国有档案机构、社会档案保管服务机构
	产品档案	名优特	国有档案机构
		涉及国家秘密及安全	国家档案馆
		其他	国有档案机构、社会档案保管服务机构

续表

改制形式	档案类别		档案归属与流向
	科研档案	获省部级以上奖	国有档案机构
		涉及国家秘密及安全	国家档案馆
		其他	自行处置
	会计档案	与职工利益有关凭证	国有档案机构
		年度财务报表	
		其他	自行处置
	职工人事档案	全部	国有档案机构
非公有企业之间兼并或出售；非公有企业与外商、外资合作	涉及国家秘密及安全		国有档案机构
	其他		自行处置

具有代表性、典型性、影响力及涉及国计民生的非公有企业档案应纳入国家档案馆。发生产权变动时，其档案归国家所有，应移交所在地国家档案馆或其他国有档案机构。其中，具有代表性、典型性、影响力及涉及国计民生的非公有企业包括但不限于获得过"全国第一""全省第一""全市第一"或具有典型地方特色或行业特色的企业；曾生产过名牌产品、技术领先产品或传统工艺产品的企业；历史悠久，新中国成立前在本地区的工商企业发展史上有一定影响和地位的企业；本地区首家破产、关闭或改制的企业，其档案归国家所有，应移交所在地国家档案馆或其他国有档案机构。

非公有企业改制后档案仍流向非公有企业的部分，原则上应由企业配备相应的档案管理部门和人员进行管理。如因企业人力、物力、财力等各方面的限制，可能导致档案不安全和损毁的，可交由社会档案保管服务机构代为管理。

非公有企业依法实施破产、关闭或停止，其对国家和社会有保存价值和涉及企业员工切身利益的档案属于国家所有，按以下规定管理：

（1）行业龙头、知名品牌企业的文书档案，由国有档案机构管理。

（2）名优特产品档案由国有档案机构管理；涉及国家安全、国家机密的产品档案，应移交所在地国家档案馆。

(3) 获省部级以上奖励的科研档案,应移交国有档案机构;涉及国家秘密与安全的科研档案,应移交所在地国家档案馆管理。

(4) 会计档案中的年度财务报表和职工利益相关的凭证,应移交国有档案机构。

(5) 企业职工人事档案由国有档案机构管理。

(6) 其余档案由企业自行处置,妥善保管。

非公有企业之间兼并或出售的,被兼并企业的档案归属于兼并企业,由兼并方统一管理,单独保存。其中,涉及国家秘密与国家安全的档案归国家所有,应移交所在地国家档案馆管理。

非公有企业与外商合资、合作,其合资、合作前的档案属原非公有企业所有,保管在新的企业,供其所用;合资、合作后的档案在合资、合作期满,终止合同时,由中方企业保存,根据外方需要,可以提供复制件。其中,涉及国家秘密与国家安全的档案归国家所有,应移交所在地国家档案馆管理。

非公有企业被公有企业兼并的,被兼并企业的档案归国家所有,由兼并方保管,根据企业运行的需要,可以提供复制件由企业保管。其中,涉及国家秘密与国家安全的档案归国家所有,应移交所在地国家档案馆管理;会计档案与人事档案归国家所有,由国有档案机构管理。

非公有企业整体改组为股份制或股份合作制企业,其全部档案归属于改组企业所有,由改组企业管理。非公有企业以部分资产改组为股份制企业的,进入股份制企业部分的档案,属股份制企业,并由其管理;未进入股份制企业的部分,其档案由原企业自行管理。

三、非公有企业改制档案处置中的重要问题

因为非公有企业档案数量庞大,并非都需要国家予以监管,非公有企业改制档案中仍流向非公有企业的部分,原则上应由企业配备相应的档案管理部门和人员进行管理。但是,如因企业人力、物力、财力等各方面的限制,可能导致档案不安全和损毁的,可交由社会档案保管服务机构代为管理。

改制企业档案处置中应严格按照安全性原则,保护国家安全、企业安全。非公有改制企业档案中涉及国家秘密、企业商业机密的,应在当地国家保密机关、档案行政管理部门负责监督和指导下协商决定。向国家档案馆以外的任何单位或个人出卖、转让或者赠送非公有企业所有的对国家和社会有保存价值的档案,须报当地档案行政管理部门批准。携带、运输、邮寄对国家和社会有保存利用价值或者涉及国家秘密的档案及其复制件出国(境),须经省级以上档案行政管理部门审核批准。严禁向外国人和外国组织出卖或者赠送档案。

非公有企业所有的对国家和社会有保存价值的档案,在提供利用和向社会公布时,应当遵守国家有关保密规定,不得损害国家、社会和其他组织的利益,不得侵犯他人的合法权益。

四、企业改制过程中形成的档案归属与流向

企业改制过程中形成的应归档案的文件材料包括:有关机关或单位的批准文件;终止财务决算报告及编制说明;财产清理报告书;评估立项申请报告及国有资产管理部门的评估立项通知;评估结果确认申请报告和评估机构出具的评估报告及国有资产管理部门的确认批复;国有股权管理报告及国有资产管理部门的批复;资产处置请示及国有资产管理部门的批复;资产处置结果报告;协议书;合同;企业章程;其他有关文件。

企业改制过程中形成的档案,由形成单位承办部门立卷归档后,向本单位或上级主管单位档案部门移交。

第五节 改制企业档案处置工作流程

一、改制企业档案处置准备工作

各改制企业在决定改制的同时,必须报企业主管部门和同级国家档案馆(当地档案行政管理部门),办理登记手续,申请档案处置事宜。

各改制企业应成立企业档案处置工作领导小组,领导小组由改制机构

负责人、企业主管部门档案工作负责人、改制企业分管档案工作负责人、企业主要业务部门负责人和企业档案部门负责人组成。领导小组在驻企业改制联络组、清算组的领导下负责档案处置工作,研究处理有关重大问题,主持鉴定档案的留存与销毁。

各改制企业应切实执行改制企业档案处置申报制度,各改制企业应将企业档案的归属、流向及所需费用报当地档案行政管理部门备案。当地档案行政管理部门依法对改制企业的档案处置工作实行监督指导,以及对其中的违法案件进行查处。

二、改制企业档案处置具体工作

改制企业档案处置具体工作包括以下四个部分。

第一,应收集、整理、统计、保管企业在各项活动中形成的全部档案,清点库存。

第二,应按有关规定做好档案留存与销毁的鉴定工作。鉴定工作应由企业档案处置工作领导小组主持,对档案进行直接鉴定。对拟销毁的档案造具清册,经企业领导人和企业资产清算机构负责人审核,企业主管部门批准,并向所在地同级档案行政管理部门备案后,方可销毁。销毁档案须二人以上监督销毁,并在销毁清册上签字。销毁清册永久保存。

第三,按照档案的去向分别编制移交和寄存档案的目录。档案移交或寄存的目录由交接方和企业档案处置工作小组负责人签字。交接方、企业主管部门和当地档案行政管理部门各保存一套。

第四,做好企业改制过程中形成的文件材料的收集、整理、归档和移交工作。

三、改制企业档案处置工作验收

改制企业的档案处置工作必须通过当地档案行政管理部门验收。

各改制企业宜严格按照档案处置流程,完成改制企业档案处置工作,确保企业档案完整与安全。

第六章 改制企业档案价值鉴定指南设计

第一节 改制企业档案价值鉴定原则

改制企业档案价值鉴定应从国家、社会和个人的整体利益出发去衡量档案的价值,用全面的、历史的、发展的、效益的观点判定档案的价值,依法、合理、按程序鉴定,区别对待不同改制企业的档案及同一企业不同类型的档案。

第二节 改制企业档案价值鉴定组织工作

改制企业宜成立改制企业档案价值鉴定工作小组,负责档案价值鉴定工作。改制企业档案价值鉴定工作小组建议由地方档案行政管理部门、企业主管部门、改制企业有关人员组成。

各级档案行政管理部门是各级改制企业档案价值鉴定工作的行政主管机关,负责改制企业档案价值鉴定工作的监督和指导。

单位和个人按国家有关程序开展改制企业档案价值鉴定工作。

第三节 改制企业档案价值鉴定办法

一、改制企业党群工作档案价值鉴定

改制企业党委综合工作、党员代表大会或党委其他有关会议,党委办公室及其他事务工作等党务工作形成的档案宜永久保存。

组织建设、整党建党、党员和党员干部管理、党费管理等组织工作中形

成的档案宜永久保存。党风治理、党纪检查、案件审理、信访工作等纪检工作中形成的档案宜永久保存。反映党的重要方针政策、重大事件的宣传工作、工会工作、协会工作、共青团工作的党群工作类档案宜永久保存。

企业党群工作的一般性档案宜定期保存。

二、改制企业行政管理档案价值鉴定

企业机构演变,人力资源管理的重要档案,涉及职工权益的其他重要档案,企业文化建设档案宜永久保存。有关机关和上级主管单位领导、社会知名人士等重要来宾到本企业检查、视察、调研、参观时形成的重要档案,本企业参与国家和社会重大活动的重要档案宜永久保存。

新闻媒体对企业重要活动、重大事件、典型人物的宣传报道档案宜永久保存。

企业涉外活动中形成的外事工作档案宜永久保存。法律事务、政纪监察、违纪案件审理等法纪监察档案,各专项审计工作活动形成的档案宜永久保存。

一般性行政事务、公安保卫、教育工作、医疗卫生、后勤福利方面的行政管理类档案宜定期保存。企业参与国家和社会活动的一般性档案,企业接待重要来宾的工作计划、方案等一般性档案宜定期保存。企业召开会议、举办活动的一般性档案,发布的一般性公告宜定期保存。

三、改制企业生产管理档案价值鉴定

反映本企业主要职能活动,并对维护国家、企业权益具有凭证价值的生产管理类档案宜永久保存。

公有制企业能源管理、安全管理、环境保护、标准化工作方面的所有生产管理类档案宜永久保存。

本企业生产管理工作的一般性档案宜定期保存。

四、改制企业经营管理档案价值鉴定

企业设立、合并、分立、改制、上市、解散、破产或其他变动过程中形成的档案,企业董事会、监事会、股东会的构成、变更、召开会议、履行职责和维护权益的档案宜永久保存。

企业资产和产权登记、评估与证明文件档案,资产和产权转让、买卖、抵押、租赁、许可、变更、保护等凭证性档案,对外投资文件档案,本企业资本金核算、确认、划转、变更等档案,企业融资文件档案宜永久保存。

企业发展规划、战略决策、重大改革、年度计划和总结文件档案,内部管理制度、规定、办法等档案宜永久保存。

企业经营管理工作的一般性档案宜定期保存。行业龙头、知名品牌企业的文书档案宜永久保存。

五、改制企业科技档案价值鉴定

公有改制企业所有科技档案宜永久保存。

非公有改制企业科技档案按以下标准鉴定:

(1)涉及改制企业基建工作管理制度、规定、办法、总结的基建档案宜永久保存。

(2)反映改制企业主要职能活动和业务工作的设备档案宜永久保存。

(3)重要的特殊产品档案,涉及专利、知识产权、国家安全、国家秘密的产品档案宜永久保存。

(4)重大科研项目的科研档案,涉及专利、知识产权、国家安全、国家秘密的科研档案,获省部级以上奖励的科研档案宜永久保存。

六、改制企业会计档案价值鉴定

改制企业会计档案的价值鉴定,以《会计档案管理办法》的规定为原则进行。

改制企业会计凭证档案一般定期保存30年,涉及外事和对私改造的会计凭证列永久保存。涉及企业债权债务的会计凭证、营销凭证列永久保存,会计凭证中的工资表列永久保存。改制企业会计账簿档案列永久保存,下属机构一般定期保存30年。改制企业年度会计报表列永久保存,季、月报表定期保存10年。

改制企业会计档案移交清册、会计档案保管清册、会计档案销毁清册、会计档案鉴定意见书列永久保存。

七、改制企业人事档案价值鉴定

凡是改制企业员工本人的、真实的、对职工权益具有凭证价值的人事档案宜永久保存。无去向人事档案（含已故人员），应永久保存。

八、企业改制过程中形成的档案价值鉴定

企业改制过程中形成的档案原则上都应永久保存。

第四节 改制企业档案价值鉴定工作流程

一、改制企业档案价值鉴定准备工作

（1）确定改制企业档案价值鉴定范围。

（2）成立改制企业档案鉴定工作小组对档案进行鉴定。

（3）改制企业档案价值鉴定工作小组可依据国家及专业相关规定，结合本行业实际情况，编制本企业档案移交和寄存目录与档案保管期限表。中央管理的公有改制企业的档案保管期限表，报国家档案局同意后执行。地方公有改制企业的档案保管期限表，报同级档案行政管理部门同意后执行。

（4）确定改制企业档案价值鉴定的时间与地点。

二、改制企业档案价值鉴定工作

改制企业档案价值鉴定宜采用直接鉴定法。原立卷的档案鉴定时不拆卷，不改变其内部排列顺序，按卷内最高保管期限确定。

价值鉴定分为个人初鉴和集体审查两步。个人初鉴可依档案保管期限表，各改制企业在编制档案保管期限表时，应全面分析和鉴别本企业档案的现实作用和历史价值，统筹考虑纸质文件材料与其他载体文件材料的

管理要求,准确划分档案保管期限。

三、改制企业档案销毁和后处理工作

由改制企业档案处置工作小组负责剔除无保存价值和保管期满的档案,按规定进行销毁或做相应的处理。

需永久保存或定期保存的改制企业档案,应按规定移交相应的主管部门、国家档案馆、国家企业档案馆或档案寄存中心。

销毁档案宜编制销毁手册,办理批准手续,坚持执行监销制度,未经鉴定和批准,不得销毁档案。

第七章 改制企业档案管理工作优化建议

第一节 建立和健全改制企业档案管理政策体系

改制企业档案管理工作是一个漫长的、艰巨的、渐进的过程,需要通过整体规划,逐步完成。因此,政府相关部门要予以足够的重视,建立完善的政策体系,给予强有力的政策支撑,来保障改制企业档案工作的顺利开展。

一、完善改制企业档案管理相关政策

明确主体档案管理工作程序,将档案的处置,包括档案价值的评估鉴定纳入企业资产清算的内容和法定程序,在提交改制请示时,有关审批部门可以要求一并提交本企业档案情况、处置意见等,明确档案未妥善处置的,企业不得改制、终止和破产清算。

明确规定改制企业档案管理费用来源,即改制企业档案保管所需费用应从企业改制费(清算费)中列支,解决改制企业档案进馆难的问题。建议与财政、物价等有关部门规定具体费用标准,列入改制企业档案处置办法,使档案保管部门在接收改制企业档案或改制企业在处置档案时有相应的依据。

各级档案馆或档案部门应因地制宜,结合上级制度政策,细化具体档案管理工作。保证改制企业档案资源能够在合理、合法、合规、合格的条件下最大限度地发挥其作用。

二、建立非公有改制企业档案管理政策

20世纪80年代以来,中国市场经济体制逐步完善,各类经济形态取得了较快发展。全国工商联《2014中国民营企业500强调研分析报告》数

据显示,2013年中国民营企业500强整体规模持续扩大,营业收入总额达到132122.45亿元。非公有制企业飞速发展的过程中,企业结构调整十分普遍,也使得非公有改制企业档案呈现快速增长之势。非公有改制企业的档案同样对国家和广大人民群众存在价值,而现有的政策制度中缺乏对非公有企业档案管理工作的规范说明。档案行政管理部门应在调查研究的基础上,制定适合非公有制企业的改制企业档案管理政策制度,增设对非公有改制企业档案处置管理工作的相关具体内容。

第二节 档案行政管理部门提高管理工作的力度

一、加强对改制企业档案管理工作的监督指导

各级档案行政管理部门应加强对本地区改制企业档案管理工作的监督与指导,应在改制企业档案管理的主体工作程序和经费保障环节做出整体安排与顶层设计。

一方面,加强对改制企业信息的收集,与相关部门保持信息畅通,全面掌握和了解本行政区域改制企业的状况,对不同类型、不同规模的改制企业提出不同的要求,加强改制企业档案的建档进程,巩固和完善档案管理工作,在企业进行改制清算时作为改制清算小组成员单位要提前介入参与,跟进改制企业清算工作,执法监督和业务指导相结合,及时指导企业处置档案的流程和方法,监督档案处置手续是否健全,流向是否合理,归属是否合法安全,并协助解决改制企业档案工作存在的问题和困难。

另一方面,应坚持依法治档,档案行政管理部门与当地政府及有关部门应明确相关责任,适时召开改制企业档案处置工作相关会议,对改制企业档案处置工作进行具体部署,掌握各部门档案处置工作情况,加大对改制企业档案处置工作的组织力度,落实处置工作经费、人员和档案存放地点,确保档案资源不流失。同时,要加强沟通,加强监督检查的力度,确保依法管理、有效管理。

二、改善改制企业档案工作的硬件条件

随着科学技术的不断进步,档案工作的硬件配置也在不断更新换代。设施方面,库房的建设技术和防护措施已经达到相当高的水平。先进的档案管理设备、办公设备使档案管理机构的工作更加有效率,更加安全。如自动报警系统、闭路电视监控系统、扫描仪以及各种类型的档案管理软件,这些先进设备的品种和创新层出不穷,从而保证了改制企业档案工作的高效率。

在实施改制企业档案工作中,应加强基础设施建设,保证档案馆的存储容量足够用于改制企业档案资源的存放,保证良好的存放环境,做好防潮、防霉、防蛀等工作。同时,信息系统平台的建立,数据库系统的建立以及标准化、安全化系统的建立,都是提高改制企业档案工作条件的重要手段。

三、提高档案管理人员的专业素质

档案行政管理部门应针对改制企业的特点,为改制企业档案管理人员制订培训计划,选择培训内容,采取举办培训班、以会代训、深入基层现场指导培训等各种灵活多样的形式开展业务培训工作,逐步提高改制企业档案管理人员的专业素质,特别要加强档案管理人员现代化档案管理知识的培训,促进改制企业档案管理现代化进程。

四、强化改制企业档案资源的利用工作

一方面,探索整合改制企业档案资源,在注重收集文书档案的同时,做好会计、基建、实物、声像及生产经营档案的收集,以便更好地利用。可以成立专门的服务机构,设立专项经费投入,配备专业人员,变分散、不规范的保管或无人保管为集中规范保管。加大改制企业档案资源开发的广度和深度,探索将档案作为无形资产有偿转让,让改制企业档案资源合理流动。

另一方面,以人为本,改善档案服务条件和手段,积极开展馆藏改制企业档案的开发利用工作。在档案信息化建设过程中,对改制企业档案进行

优先整理、优先数字化,建立改制企业档案专题数据库,编制检索程序,简化利用程序,更加有效地服务群众,在服务民生中体现档案和档案工作的价值,推动档案事业发展。

五、加大对改制企业档案管理的宣传

档案行政管理部门应当积极向党委政府汇报争取,学习借鉴先进经验,通过印发相关制度政策、宣传手册,开展相关活动。要提高档案行政管理部门自身对于改制企业档案管理工作的重视程度,再积极向其他组织、改制企业、广大人民群众进行宣传。要进一步加大对档案法律法规的宣传力度,提高改制企业经营管理者的档案意识,使企业重视档案工作,实现良性壮大发展。引导企业经营者高度重视档案工作,使档案工作为企业发展奠定基础,从而有效提高改制企业档案管理工作。

第三节 重视改制企业档案工作

一、建立健全改制企业档案管理工作责任体系

增强各级组织领导及企业档案人员法制意识,依法治档。改制企业内部可以通过建立健全档案工作责任体系,强化主体部门责任,明确各级工作职责和制度,落实所属改制企业档案工作的组织实施和归属流向,并将企业改制动态及档案处置意见及时上报档案行政管理部门,配合档案行政管理部门改进和完善档案管理工作。

二、加强改制企业档案重要性的宣传

对上级颁布的政策法规要及时在企业进行宣传说明,开展相关档案管理的培训,提高档案管理人员的素质,加强档案重要性的宣传,有效提高企业工作人员的档案意识,提高企业档案工作者依法履行"保护档案的义务"的自觉性。

第四节 提高公众的企业档案意识

公众的企业档案意识,是指社会全体公民对企业档案和档案工作这一客观事物的反映和认识,它伴随着企业档案和档案工作持续、稳定地产生、发展,它既可对企业档案工作的发展起巨大的促进工作,也可起阻碍作用。由于企业档案工作的相对保密性及特殊性,中国公民企业档案意识较为薄弱,使企业档案的社会效益和经济效益远未得到充分发挥。

因此,中国档案行政管理部门、企业与社会各界应共同开展相关活动,让更多公众走进企业档案馆,认识企业档案,对企业档案产生兴趣,进而在潜移默化中增强公众企业档案意识。同时,对改制企业档案管理工作的重要性可以通过网络媒体、宣传手册、开展活动等多种方式进行有效宣传,让公众了解、重视和配合改制企业档案工作。

对于各级档案部门颁布的改制企业档案管理相关政策,包括一些民生问题的相关政策,相关部门应及时通过举办展览、讲座、发放学习手册等多种途径进行宣传,以提高公众的档案意识和法制意识,使公众都能了解改制企业档案的重要性,清楚知道在处理哪些问题时可以通过改制企业档案解决,查询改制企业职工档案或者其他档案时应当去何处查询,使公众在需要解决相关问题时有章可循。

第二编

改制企业档案管理处置办法及价值鉴定指南

第二编 改制企业档案管理处置办法及价值鉴定指南

改制企业档案的归属、流向、处置和价值鉴定问题是改制企业档案管理研究的重点与难点,为此,本书编写组在对我国辽宁、浙江、广东、江苏、佛山和苏州等六省市调研的基础上,撰写了《改制企业档案处置办法(建议稿)》和《改制企业档案价值鉴定指南(建议稿)》两份文件,以期能让读者对改制企业档案的归属、流向、处置和价值鉴定有更为深入具体的理解。

《改制企业档案处置办法(建议稿)》文件共11条,分别是范围、规范性引用文件、术语和定义、改制企业档案处置的原则、改制企业档案处置的组织工作、公有企业改制档案的归属与流向、非公有企业改制(产权变动)档案归属与流向、企业改制过程中形成的档案、改制企业档案处置流程、处罚、附则。

《改制企业档案处置办法(建议稿)》主要为了规范改制企业在资产与产权变动中的档案处置行为,在保守国家机密、企业商业秘密,尊重个人隐私的前提下,针对不同企业不同类型的改制企业档案依据实际,明确归属与流向,以维护档案资料的安全,维护国家和广大人民群众利益,使改制企业档案资源的效用最大化。

《改制企业档案价值鉴定指南(建议稿)》文件共8条,分别是范围、规范性引用文件、术语和定义、改制企业档案价值鉴定的原则、改制企业档案价值鉴定的组织工作、改制企业档案价值鉴定、改制企业档案价值鉴定工作流程及附则。

《改制企业档案价值鉴定指南(建议稿)》引导改制企业从国家、社会和个人的整体利益出发去衡量档案的价值,用全面的、历史的、发展的、效益的观点判定档案的价值,依法、合理、按程序鉴定,区别对待不同改制企业的档案及同一企业不同类型的档案。

第一部分 改制企业档案处置办法(建议稿)

1 范围

为规范改制企业档案的处置行为,确保档案的完整与安全,防止企业资产和档案的流失,规范企业档案的管理,根据《中华人民共和国档案法》和《中华人民共和国企业破产法》等法律规章的规定,制定本办法。

本办法适用于企业兼并、破产、关闭、停止、出售、股份制改造、股份合作制和与外商合资、合作经营等其他改制企业档案的处置工作。

2 规范性引用文件

下列文件中的条款通过本办法的引用而成为本办法的条款。凡是注日期的引用文件,其随后所有的修改单(不包括勘误的内容)或修订版均不适用于本办法,鼓励根据本办法达成协议的各方研究是否可使用这些文件的最新版本。凡是不注日期的引用文件,其最新版本适用于本办法。

GB/T9705 文书档案案卷格式

GB/T11821 照片档案管理规范

GB/T11822 科学技术档案案卷构成的一般要求

GB/T17678.1 CAD 电子文件光盘存储、归档与档案管理要求

GB/T 26162 信息与文献——文件管理:通则

DA/T1 档案工作基本术语

DA/T13 档号编制规则

DA/T15 磁性载体档案管理与保护规范

DA/T22 归档文件整理规则

DA/T28 国家重大建设项目文件归档要求与档案整理规范

DA/T31　纸质档案数字化技术规范

DA/T43　缩微胶片档案数字化技术规范

ISO 15489.2　信息与文献——文件管理：指南

3　术语和定义

3.1　公有企业(State-owned Business)

公有企业是指国有企业、集体企业以及混合所有制企业中的国有成分和集体成分占主导地位的企业。

3.2　非公有企业(Non-state-owned Business)

非公有企业是指归我国内地公民私人所有或归外商、港澳台商所有的经济成分占主导或相对主导地位的企业。

3.3　改制企业(Reformed Business)

改制企业是指依法改变企业原有的资本结构、组织形式、经营管理模式或体制的企业，包括兼并、破产、关闭、停止、出售、股份制改造、股份合作制和与外商合资、合作经营等发生产权变动的形式。

3.4　改制企业档案(Reformed Business Records)

改制企业档案是指企业改制前形成的档案及改制过程中形成的档案的总和，包括企业改制前的党群工作、行政管理、生产管理、经营管理、产品档案、基建档案、设备档案、科研档案、会计档案、人事档案及改制过程中形成并应归档的文件材料。

3.5　改制企业档案处置(Reformed Business Records Disposal)

改制企业档案处置是指在企业发生产权变动时，对其档案的归属和流向进行处理的行为。

4　改制企业档案处置的原则

维护国家安全和国家、社会利益；维护原企业职工的切身利益；保守国家、企业和个人的秘密；维护档案完整、系统与安全，便于档案的保管和利用；依法、合理处置；有利于企业保持经营管理的连续性的原则。

5 改制企业档案处置的组织工作

5.1 改制企业档案处置工作是企业改制工作的一项重要内容,应列入其工作程序,并确保与企业改制工作同步进行。

5.2 改制企业应成立企业档案处置工作领导小组,负责档案的具体处置工作。领导小组由改制机构负责人、企业主管部门档案工作负责人、改制企业分管档案工作负责人、企业主要业务部门负责人和企业档案部门负责人组成。领导小组在驻企业改制联络组、清算组的领导下负责档案处置工作,研究处理有关重大问题,主持鉴定档案的留存与销毁。改制企业的法定代表人及有关责任人在改制程序终结前对档案的安全保管负责。任何单位和个人不得非法处置企业档案。

5.3 各级档案行政管理部门是各类改制企业档案管理工作的行政主管机关,负责改制企业档案处置工作的监督和指导。

5.4 企业在改制前应按隶属关系及时报告企业主管部门和当地同级档案行政管理部门。

5.5 各行业主管部门应协同各级档案行政管理部门做好本行业、本系统的改制企业档案的处置工作。

5.6 改制企业档案处置工作结束前,档案库房、设备、装具及必要的办公用具等,不得挪作他用。

5.7 各地区要集中统一保管和提供利用本区域的对国家和社会有保存价值的改制企业档案。

5.8 企业改制过程中,档案的整理、鉴定、移交、寄存等工作所需费用,由原企业或接收单位支付,破产企业由清算费用中支付。需要向所在地国有档案机构或档案社会化保管服务机构寄存档案的,由原企业支付,破产企业由清算费用中支付。

6 公有企业改制档案的归属与流向

6.1 公有企业改制档案的处置,原则上分类进行。

6.1.1 党群工作、行政管理档案应移交企业主管部门,寄存所在地国家档案馆。

6.1.2 生产管理、经营管理档案由双方商定,可移交接收方,亦可随党群工作、行政管理档案移交企业主管部门,寄存所在地国家档案馆。

6.1.3 基建档案、设备仪器档案随其实体归属。

6.1.4 产品、科研档案(其中含专利、商标、专有技术等档案)按有关政策法规办理,没有规定的由档案行政管理部门、国有资产管理部门和交接双方商定处理。

6.1.5 会计档案可按以下规定进行管理:

单位分立后原单位存续的,其会计档案应当由分立后的存续方统一保管,其他方可查阅、复制与其业务相关的会计档案;单位分立后原单位解散的,其会计档案应当经各方协商后由其中一方代管或按照国家有关规定处置,各方可查阅、复制与其业务相关的会计档案。单位分立中未结清的会计事项所涉及的会计凭证,应当单独抽出或转存并由业务相关方保存,并按规定办理交接手续。

单位因业务移交其他单位办理所涉及的会计档案,应当由原单位保管,承接业务单位可查阅、复制与其业务相关的会计档案。对其中未结清的会计事项所涉及的会计凭证,应当单独抽出由业务承接单位保存,并按规定办理交接手续。

单位合并后原各单位解散或一方存续其他方解散的,原各单位的会计档案应当由合并后的单位统一保管。单位合并后原各单位仍存续的,其会计档案仍应当由原各单位保管。

6.1.6 公有改制企业干部职工档案按中央组织部、人事部《流动人员人事档案管理暂行规定》执行。改制企业工人档案的管理按劳动部、国家档案局《企业职工档案管理工作规定》执行,企业下岗职工档案按有关规定执行。

6.2 公有企业依法实行破产、关闭或停止的,其全部档案属国家所有,由国家档案馆或其他国有档案机构管理。

6.3 公有企业被非公有企业兼并

6.3.1 党群工作、行政管理、生产管理、经营管理类文书档案,属国家所有,应按隶属关系移交企业主管部门或国有档案机构,也可由企业主管部门或所在地档案行政管理部门指定有关的企业代为保管。

6.3.2 涉及专利、知识产权、国家安全、国家秘密的产品档案,属国家所有,应按隶属关系移交企业主管部门或所在地国家档案馆,也可由企业主管部门或所在地档案行政管理部门指定有关的企业代为保管。

6.3.3 涉及专利、知识产权、国家安全、国家秘密的科研档案,属国家所有,应按隶属关系移交企业主管部门或所在地国家档案馆,也可由企业主管部门或所在地档案行政管理部门指定有关的企业代为保管。

6.3.4 无去向的人事档案(含已故人员)属国家所有,应按隶属关系移交企业主管部门或国有档案机构,也可由企业主管部门或所在地档案行政管理部门指定有关的企业代为保管。

6.3.5 其余档案按本办法6.1规定办理。

6.4 公有企业以其全部资产或部分资产改组为股份制企业的,改组后仍为国有控股的企业,其档案由股份制企业管理;改组后为国有不控股的企业,其文书档案属国家所有,由国有档案机构管理;涉及专利、知识产权、国家安全、国家秘密的产品档案,属国家所有,应按隶属关系移交企业主管部门或所在地国家档案馆;无去向的人事档案(含已故人员),属国家所有,由国有档案机构管理。其余档案按本办法6.1规定办理。

6.5 公有企业与外商合资、合作,由中方控股、中方管理的,其合资、合作前的档案属国家所有,保管在新的企业,供其所用;非中方控股的企业,其文书档案属国家所有,由国有档案机构管理;涉及专利、知识产权、国家安全、国家秘密的产品档案,属国家所有,应按隶属关系移交企业主管部门或所在地国家档案馆;无去向的人事档案(含已故人员),属国家所有,由国有档案机构管理。其余档案按本办法6.1规定办理。公有企业的分厂、车间与外商合资、合作的,合资、合作前的档案属原企业;合资、合作后的档案在合资、合作期满,终止合同时,由中方保存,根据外方需要,可以提供复制件。

6.6 军工企业被非军工企业兼并,属国家机密的档案,由其行业主管部门决定其归属。

6.7 公有企业之间全部兼并的,被兼并企业的档案归属于兼并企业或新设置的企业,由兼并方统一管理,单独保存。公有企业部分兼并的,被兼并企业的档案仍然归属原企业,由被兼并方管理,兼并方可以复制使用。

7 非公有企业改制(产权变动)档案归属与流向

7.1 非公有企业实施兼并、破产、关闭、出售、股份制改造等产权变更时,应当按有关规定做好本企业档案的清理交接工作,妥善处置档案,防止档案的散落、遗失。

7.2 具有代表性、典型性、影响力及涉及国计民生的非公有企业档案应纳入国家档案馆的进馆细则。发生产权变动时,其档案归国家所有,应移交所在地国家档案馆或其他国有档案机构。其中,具有代表性、典型性、影响力及涉及国计民生的非公有企业包括但不限于获得过"全国第一""全省第一""全市第一"或具有典型地方特色或行业特色的企业;曾生产过名牌产品、技术领先产品或传统工艺产品的企业;历史悠久,新中国成立前在本地区的工商企业发展史上有一定影响和地位的企业;本地区首家破产、关闭或改制的企业。其档案归国家所有,应移交所在地国家档案馆或其他国有档案机构。

7.3 非公有企业改制档案中仍流向非公有企业的部分,原则上应由企业配备相应的档案管理部门和人员进行管理。如因企业人力、物力、财力等各方面的限制,可能导致档案不安全和损毁的,可交由档案社会化保管服务机构代为管理。

7.4 非公有企业依法实施破产、关闭或停止,其对国家和社会有保存价值的和涉及企业员工切身利益的档案属于国家所有。

7.4.1 行业龙头、知名品牌企业的文书档案,由国有档案机构管理。

7.4.2 名优特产品档案由国有档案机构管理;涉及国家安全、国家机密的产品档案,应移交所在地国家档案馆。

7.4.3 获省部级以上奖励的科研档案,应移交国有档案机构;涉及国家秘密与安全的科研档案,应移交所在地国家档案馆管理。

7.4.4 会计档案中的年度财务报表和职工利益相关的凭证,应移交国有档案机构。

7.4.5 企业职工人事档案由国有档案机构管理。

7.4.6 其余档案由企业自行处置,妥善保管。

7.5 非公有企业之间兼并或出售的,被兼并企业的档案归属于兼并企业,由兼并方统一管理,单独保存。其中,涉及国家秘密与国家安全的档案归国家所有,应移交所在地国家档案馆管理。

7.6 非公有企业与外商合资、合作,其合资、合作前的档案属原非公有企业所有,保管在新的企业,供其所用;合资、合作后的档案在合资、合作期满、终止合同时,由中方企业保存,根据外方需要,可以提供复制件。其中,涉及国家秘密与国家安全的档案归国家所有,应移交所在地国家档案馆管理。

7.7 非公有企业被公有企业兼并的,被兼并企业的档案归国家所有,由兼并方保管,根据企业运行的需要,可以提供复制件由企业保管。其中,涉及国家秘密与国家安全的档案归国家所有,应移交所在地国家档案馆管理;会计档案与人事档案归国家所有,由国有档案机构管理。

7.8 非公有企业整体改组为股份制或股份合作制企业,其全部档案归属于改组企业所有,由改组企业管理。非公有企业以部分资产改组为股份制企业的,进入股份制企业部分的档案,属股份制企业,并由其管理;未进入股份制企业的部分,其档案由原企业自行管理。

7.9 非公有改制企业档案中涉及国家秘密、企业商业机密的,应在当地国家保密机关、档案行政管理部门负责监督和指导下协商决定。

7.10 改制企业干部职工档案按中央组织部、人事部《流动人员人事档案管理暂行规定》执行。企业下岗职工档案按有关规定执行。改制企业工人档案的管理按劳动部、国家档案局《企业职工档案管理工作规定》执行。

7.11 非公有企业所有的对国家和社会有保存价值的档案因保管条件恶劣或由于其他原因,可能导致档案不安全和损毁的,档案行政管理部门应按照国家规定采取代为保管或者收购、征购等措施,以确保档案的完整和安全。

7.12 向国家档案馆以外的任何单位或个人出卖、转让或者赠送非公有企业所有的对国家和社会有保存价值的档案,须报当地档案行政管理部门批准。携带、运输、邮寄对国家和社会有保存利用价值或者涉及国家秘密的档案及其复制件出国(境),须经省级以上档案行政管理部门审核批准。严禁向外国人和外国组织出卖或者赠送档案。

7.13 非公有企业所有的对国家和社会有保存价值的档案,在提供利用和向社会公布时,应当遵守国家有关保密规定,不得损害国家、社会和其他组织的利益,不得侵犯他人的合法权益。

7.14 其他发生产权变动的非公有企业的档案可参照本办法执行。

8 企业改制过程中形成的档案

8.1 企业改制过程中形成的文件材料归档范围。

8.1.1 有关机关或单位的批准文件。

8.1.2 终止财务决算报告及编制说明。

8.1.3 财产清理报告书。

8.1.4 评估立项申请报告及国有资产管理部门的评估立项通知。

8.1.5 评估结果确认申请报告和评估机构出具的评估报告及国有资产管理部门的确认批复。

8.1.6 国有股权管理报告及国有资产管理部门的批复。

8.1.7 资产处置请示及国有资产管理部门的批复。

8.1.8 资产处置结果报告。

8.1.9 协议书。

8.1.10 合同。

8.1.11 企业章程。

8.1.12 其他有关文件。

8.2 企业改制过程中形成的档案,由形成单位承办部门立卷归档后,向本单位或上级主管单位档案部门移交。

9 改制企业档案处置流程

9.1 改制企业在决定改制的同时,必须报企业主管部门和同级国家档案馆(当地档案行政管理部门),办理登记手续,申请档案处置事宜。

9.2 改制企业应切实执行改制企业档案处置申报制度。改制企业应填写《改制档案处置申报表》,明确档案的归属、流向及所需费用。当地档案行政管理部门依法对改制企业的档案处置工作实行监督指导,以及对其中违法案件进行查处。

9.3 企业档案部门负责档案处置具体工作。

9.3.1 收集、整理、统计、保管企业在各项活动中形成的全部档案,清点库存。

9.3.2 按有关规定做好档案留存与销毁的鉴定工作。鉴定工作应由企业档案处置工作领导小组主持,对档案进行直接鉴定。对拟销毁的档案造具清册,经企业领导人和企业资产清算机构负责人审核,企业主管部门批准,并向所在地同级档案行政管理部门备案后,方可销毁。销毁档案需二人以上监督销毁,并在销毁清册上签字。销毁清册永久保存。

9.3.3 按照档案的去向分别编制移交和寄存档案的目录。档案移交或寄存的目录由交接方和企业档案处置工作小组负责人签字。交接方、企业主管部门和当地档案行政管理部门各保存一套。

9.3.4 做好改制过程中形成的文件材料的收集、整理、归档和移交工作。

9.4 改制企业的档案处置工作必须通过当地档案行政管理部门验收,验收程序、办法另行规定。

9.5 改制企业应严格按照本办法所制定的档案处置流程,完成改制企业档案处置工作,确保企业档案完整与安全。

10 处 罚

10.1 企业改制有违反《档案法》第五章第二十四条第一款第四项、第五项的企业,由县以上档案行政管理部门视情节轻重给予警告,并处以一万元以上十万元以下的罚款。

10.2 拒不按照国家规定向指定的国有机构移交档案的,对有关责任人员,给予警告或者记过处分;情节较重的,给予记大过或者降级处分;情节严重的,给予撤职处分。

10.3 违反《档案法》的规定,擅自出卖、转让国家所有的企业档案,情节严重的,依法追究刑事责任。

11 附　则

11.1 本办法由国家档案局负责解释。

11.2 各省、自治区、直辖市档案行政管理部门可根据本办法制定实施办法。

11.3 本办法自发布之日起施行。

附:

公有改制企业档案归属表

改制形式	档案类别	档案归属与流向
公有企业破产、关闭、停止	全部档案	国有档案机构
公有企业被非公有企业兼并	文书档案	国有档案机构
	部分(专利及知识产权、国安、涉密)产品档案	国家档案馆
	部分(专利、国安)科研档案	国家档案馆
	无去向人事档案(含已故人员)	国有档案机构
公有企业股份制改组(国有不控股)、公有企业与外商、外资合作(中方不控股)	文书档案	国有档案机构
	部分(专利及知识产权、国安、涉密)产品档案	国家档案馆
	无去向人事档案(含已故人员)	国有档案机构

非公有改制企业档案归属表

改制形式	档案类别		档案归属与流向
非公有企业破产、关闭、停止（对国家和社会有保存价值或涉及企业职工切身利益的档案）	文书档案	行业龙头	国有档案机构
		知名品牌	
		其他	国有档案机构、档案社会化保管服务机构
	产品档案	名优特	国有档案机构
		涉及国家秘密及安全	国家档案馆
		其他	国有档案机构、档案社会化保管服务机构
	科研档案	获省部级以上奖	国有档案机构
		涉及国家秘密及安全	国家档案馆
		其他	自行处置
	会计档案	与职工利益有关凭证	国有档案机构
		年度财务报表	
		其他	自行处置
	职工人事档案	全部	国有档案机构
非公有企业之间兼并或出售；非公有企业与外商、外资合作	涉及国家秘密及安全		国有档案机构
	其他		自行处置

第二部分　改制企业档案价值鉴定指南
（建议稿）

1　范围

为准确判断改制企业档案价值,防止企业资产和档案的流失,确保改制企业档案的安全保管和有效利用,促进企业依法经营和规范管理,规范改制企业档案价值鉴定,根据《中华人民共和国档案法》和《企业文件材料归档范围和档案保管期限规定》等法律规章的规定,制定改制企业档案价值鉴定指南。

本指南适用于在中华人民共和国境内注册设立的公有企业和非公有企业。

本指南适用于企业兼并、破产、关闭、停止、出售、股份制改造、股份合作制和与外商合资、合作经营等其他改制企业档案的价值鉴定工作。

2　规范性引用文件

下列文件中的条款通过本指南的引用而成为本指南的条款。凡是注日期的引用文件,其随后所有的修改单(不包括勘误的内容)或修订版均不适用于本指南,鼓励根据指南达成协议的各方研究是否可使用这些文件的最新版本。凡是不注日期的引用文件,其最新版本适用于本指南。

GB/T11821　照片档案管理规范

GB/T11822　科学技术档案案卷构成的一般要求

GB/T17678.1　CAD电子文件光盘存储、归档与档案管理要求

DA/T15　磁性载体档案管理与保护规范

DA/T22　归档文件整理规则

DA/T28　国家重大建设项目文件归档要求与档案整理规范

DA/T42—2009 《企业档案工作规范》

3 术语和定义

3.1 公有企业(State-owned Business)

公有企业是指国有企业、集体企业以及混合所有制企业中的国有成分和集体成分占主导地位的企业。

3.2 非公有企业(Non-state-owned Business)

非公有企业是指归我国内地公民私人所有或归外商、港澳台商所有的经济成分占主导或相对主导地位的企业。

3.3 改制企业档案(Reformed Business Records)

改制企业档案是指企业改制前形成的档案及改制过程中形成的档案的总和,包括企业改制前的文书档案、科技档案、会计档案、人事档案、声像档案、电子档案及改制过程中形成并应归档的文件材料。

3.4 改制企业档案价值鉴定工作(Appraisal Value for Reformed Business Records)

改制企业档案价值鉴定工作是在档案行政管理部门的监督指导下,企业档案部门按照一定的原则、标准和方法,判定改制企业档案的价值,确定改制企业档案保管期限的工作。

4 改制企业档案价值鉴定的原则

4.1 从国家、社会和个人的整体利益出发去衡量档案的价值。

4.2 用全面的、历史的、发展的、效益的观点判定档案的价值。

4.3 依法、合理、按程序鉴定。

4.4 区别对待不同改制企业的档案及同一企业不同类型的档案。

5 改制企业档案价值鉴定的组织工作

5.1 改制企业宜成立改制企业档案价值鉴定工作小组,负责档案价值鉴定工作。改制企业档案价值鉴定工作小组建议由地方档案行政管理部门、企业主管部门、改制企业有关人员组成。

5.2 各级档案行政管理部门是各级改制企业档案价值鉴定工作的行政主管机关,负责改制企业档案价值鉴定工作的监督和指导。

5.3 单位和个人按国家有关程序开展企业档案价值鉴定工作。

6 改制企业档案价值鉴定

6.1 改制企业党群工作档案价值鉴定

6.1.1 改制企业党委综合工作、党员代表大会或党委其他有关会议,党委办公室其他事务工作等党务工作形成的档案宜永久保存。

6.1.2 组织建设、整党建党、党员和党员干部管理、党费管理等组织工作中形成的档案宜永久保存。

6.1.3 党风治理、党纪检查、案件审理、信访工作等纪检工作中形成的档案宜永久保存。

6.1.4 反映党的重要方针政策、重大事件的宣传工作、工会工作、协会工作、共青团工作的党群工作类档案宜永久保存。

6.1.5 企业党群工作的一般性档案宜定期保存。

6.2 改制企业行政管理档案价值鉴定

6.2.1 企业机构演变,人力资源管理的重要档案,涉及职工权益的其他重要档案,企业文化建设档案宜永久保存。

6.2.2 有关机关和上级主管单位领导、社会知名人士等重要来宾到本企业检查、视察、调研、参观时形成的重要档案;本企业参与国家和社会重大活动的重要档案宜永久保存。

6.2.3 新闻媒体对企业重要活动、重大事件、典型人物的宣传报道档案宜永久保存。

6.2.4 企业涉外活动中形成的外事工作档案宜永久保存。

6.2.5 法律事务,政纪监察,违纪案件审理等法纪监察档案宜永久保存。

6.2.6 各专项审计工作活动形成的档案宜永久保存。

6.2.7 一般性行政事务、公安保卫、教育工作、医疗卫生、后勤福利方面的行政管理类档案宜定期保存。

6.2.8 企业参与国家和社会活动的一般性档案,企业接待重要来宾的工作计划、方案等一般性档案宜定期保存。

6.2.9 企业召开会议、举办活动的一般性档案,发布的一般性公告宜定期保存。

6.3 改制企业生产管理档案价值鉴定

6.3.1 反映本企业主要职能活动,并对维护国家、企业权益具有凭证价值的生产管理类档案宜永久保存。

6.3.2 公有制企业能源管理、安全管理、环境保护、标准化工作方面的所有生产管理类档案宜永久保存。

6.3.3 本企业生产管理工作的一般性档案宜定期保存。

6.4 改制企业经营管理档案价值鉴定

6.4.1 企业设立、合并、分立、改制、上市、解散、破产或其他变动过程中形成的档案,企业董事会、监事会、股东会的构成、变更、召开会议、履行职责和维护权益的档案宜永久保存。

6.4.2 企业资产和产权登记、评估与证明文件档案,资产和产权转让、买卖、抵押、租赁、许可、变更、保护等凭证性档案,对外投资文件档案,本企业资本金核算、确认、划转、变更等档案,企业融资文件档案宜永久保存。

6.4.3 企业发展规划、战略决策、重大改革、年度计划和总结文件档案,内部管理制度、规定、办法等档案宜永久保存。

6.4.4 企业经营管理工作的一般性档案宜定期保存。

6.4.5 行业龙头、知名品牌企业的文书档案宜永久保存。

6.5 改制企业科技档案价值鉴定

6.5.1 公有改制企业所有科技档案宜永久保存。

6.5.2 非公有改制企业科技档案按以下标准鉴定。

(1)涉及改制企业基建工作管理制度、规定、办法、总结的基建档案宜永久保存。

(2)反映改制企业主要职能活动和业务工作的设备档案宜永久保存。

(3)重要的特殊产品档案、涉及专利、知识产权、国家安全、国家秘密的产品档案宜永久保存。

（4）重大科研项目的科研档案、涉及专利、知识产权、国家安全、国家秘密的科研档案、获省部级以上奖励的科研档案宜永久保存。

6.6 改制企业会计档案价值鉴定

6.6.1 改制企业会计档案的价值鉴定，以《会计档案管理办法》的规定为原则进行。

6.6.2 改制企业会计凭证档案一般定期保存30年，涉及外事和对私改造的会计凭证列永久保存。涉及企业债权债务的会计凭证、营销凭证列永久保存，会计凭证中的工资表列永久保存。

6.6.3 改制企业会计账簿档案列永久，下属机构会计账簿一般定期保存30年。

6.6.4 改制企业年度会计报表列永久保存，季、月会计报表定期保存10年。

6.6.5 改制企业会计档案移交清册、会计档案保管清册、会计档案销毁清册、会计档案鉴定意见书等永久保存。

6.7 改制企业人事档案价值鉴定

6.7.1 凡是改制企业员工本人的、真实的、对职工权益具有凭证价值的人事档案宜永久保存。

6.7.2 无去向人事档案（含已故人员），宜永久保存。

6.8 企业改制过程中形成的档案价值鉴定

6.8.1 企业改制过程中形成的档案原则上都宜永久保存。

6.9 其他

6.9.1 对企业管理、国家建设和历史研究有长远利用价值的档案，以及在维护国家、集体和个人权益等方面具有凭证价值和文化价值的档案宜永久保存。

6.9.2 在一定时期内，有查考利用价值的档案宜定期保存。

6.9.3 本指南管理类档案保管期限为最低期限，各企业在具体划分时可选择高于本指南的期限。

7 改制企业档案价值鉴定工作流程

7.1 改制企业档案价值鉴定的准备工作

7.1.1 确定改制企业档案价值鉴定范围。

7.1.2 成立改制企业档案鉴定工作小组对档案进行鉴定。

7.1.3 改制企业档案价值鉴定工作小组可依据本指南和国家及专业相关规定,结合本企业实际情况,编制本企业档案移交和寄存目录与档案保管期限表。中央管理的公有改制企业的档案保管期限表,报国家档案局同意后执行。地方公有改制企业的档案保管期限表,报同级档案行政管理部门同意后执行。

7.1.4 确定改制企业档案价值鉴定的时间与地点。

7.2 改制企业档案价值鉴定工作

7.2.1 改制企业档案价值鉴定宜采用直接鉴定法。原立卷的档案鉴定时不拆卷,不改变其内部排列顺序,按卷内最高保管期限确定。

7.2.2 价值鉴定分为个人初鉴和集体审查两步。个人初鉴可依档案保管期限表,各改制企业在编制档案保管期限表时,应全面分析和鉴别本企业档案的现实作用和历史价值,统筹考虑纸质文件材料与其他载体文件材料的管理要求,准确划分档案保管期限。

7.3 改制企业档案的销毁和后处理

7.3.1 由改制企业档案处置工作小组负责剔除本无保存价值和保管期满的档案,按规定进行销毁或做相应的处理。

7.3.2 需永久保存或定期保存的改制企业档案,应按规定移交相应的主管部门、国家档案馆、国家企业档案馆或档案寄存。

7.3.3 销毁档案宜编制销毁清册,办理批准手续,坚持执行监销制度,未经鉴定和批准,不得销毁档案。

8 附 则

8.1 改制企业档案接收鉴定表见附件。

8.2 本指南由国家档案局负责解释。

8.3 各省、自治区、直辖市档案行政管理部门可根据本指南制定实施细则。

附：改制企业档案接收鉴定表(建议稿)

改制企业档案接收鉴定表

序 号	归档范围	保管期限
本企业党群工作类文书档案		
1	企业党员代表大会、职工代表大会、共青团代表大会	
1.1	请示、批复、批示、通知、名单、议程、报告、领导人讲话、选举结果、会议记录、讨论通过的文件、决议、纪要、公告等档案	永久
1.2	大会发言、交流、会议简报	10年
1.3	重要的贺信、贺电、筹备工作、选举工作中形成的档案,小组会议记录、会务工作安排、总结等档案	10年
1.4	讨论未通过的文件档案	10年
2	党委会、党委常委会、工会委员会、工会会员代表大会、共青团常委(扩大)会,党群机关办公会议档案	
2.1	通知、议程、报告、决议、决定、公报声明、记录、领导人讲话、总结、纪要、讨论通过的文件、参加人员名单	永久
2.2	讨论未通过的文件档案	10年
3	党务综合性工作	
3.1	各项条例、规章制度、办法,工作计划、总结,"三重一大"等重要专项活动工作通知、报告,重要调研档案、党务工作大事记等	永久
3.2	情况反映、工作简报及一般档案	30年
4	组织工作	
4.1	党员干部考察、考核、任免、政审决定等	永久
4.2	入党、转正、退党、转入、转出等决定及党员名册,党团组织关系的介绍信及存根	永久
4.3	党委(党组)组织工作、规章制度	永久

续表

序号	归档范围	保管期限
4.4	党群机构设置、调整、人员编制等方面决定及通知	永久
4.5	党费收支档案	30年
4.6	党员学习教育等活动形成的档案	
4.6.1	重要的	永久
4.6.2	一般的	10年
4.7	党员统计年报	永久
5	企业宣传统战工作报告、会议纪要、调研、计划、总结档案、民主党派人员名单登记、活动记录、精神文明建设方面档案	
5.1	重要的	永久
5.2	一般的	30年
6	纪检与监察工作	
6.1	纪检与监察工作的规定、决定、通报、通知、会议记录、纪要、计划、总结	永久
6.2	党风廉政反腐工作档案	30年
6.3	违纪案件立案报告、调查依据、审查结论、处理意见等档案	
6.3.1	重大案件	永久
6.3.2	一般案件	30年
7	工会、女工、共青团工作规划、年度计划、总结、规章制度、决定、通知、会议记录	永久
8	职工民主管理、表彰先进、劳保福利、职工维权、工会会费与财务管理档案、工会统计年报、工会会员名册	永久
9	女工工作、劳动竞赛、文体活动、计划生育等方面档案	
9.1	重要的	永久
9.2	一般的	10年
10	共青团组织发展、劳动竞赛、表彰先进、团费管理、文体活动等档案	
10.1	重要的	永久
10.2	一般的	10年
11	民间团体工作,民政协调工作中形成的档案	

续表

序　号	归档范围	保管期限
11.1	民间团体设立、变更、撤销等的请示、批复、章程等档案	永久
11.2	民间团体活动过程形成的档案	
11.2.1	重要事项	30年
11.2.2	一般事项	10年
本企业行政管理类文书档案		
1	本企业组织机构设置、撤并、名称变更、岗位职责设计、人员编制、印信启用和作废等档案	永久
2	人力资源管理工作档案	
2.1	人力资源规划、工作计划、制度、办法、决定、报告等	永久
2.2	企业人员录用、转正、聘任、调资、定级、停薪留职、辞职、离退休、死亡、抚恤、安置等档案	永久
2.3	干部和职工的任免、升降、奖惩、考核、职称评聘等方面档案	永久
2.4	老干部、离退休人员管理有关档案	永久
2.5	企业人员薪酬、待遇等劳动人事管理档案	永久
2.6	企业签订的劳动合同	永久
2.7	企业先进单位、劳动模范、先进工作者的档案	
2.7.1	本企业及省部级(含)以上表彰、奖励的	永久
2.7.2	其他表彰、奖励的	30年
2.8	对本企业有关人员的处分档案	
2.8.1	受到警告(不含)以上处分的	永久
2.8.2	受到警告处分的	30年
2.9	本企业人员参加社会保障、医疗保险、商业保险、住房公积金、劳动保护、职业安全、医疗卫生、计划生育等档案	永久
2.10	企业职工培训工作档案	
2.10.1	重要的	30年
2.10.2	一般的	10年
2.11	职工调动工作的行政、工资关系的介绍信及存根	永久
2.12	职工名册	永久

续表

序　号	归档范围	保管期限
3	文秘、机要、档案、保密工作档案	
3.1	文秘、机要、档案、保密工作制度、规定、办法、总结等档案	永久
3.2	档案开发、编研成果,档案移交清单、销毁清册	30年
3.3	文秘、机要、档案、保密工作规划、计划档案	永久
3.4	保密资格认证方案、申请、审查、批准档案	30年
3.5	保密工作检查方案、通知、结论、通报等档案	30年
4	安全保卫工作	
4.1	安全保卫、民兵、预备役工作规划、计划、总结、报告、报表等	30年
4.2	保卫部门的安全检查、调查方案、记录、通报	30年
4.3	自然灾害防范、交通管理档案	30年
5	综合治理工作档案	
5.1	重要事项	永久
5.2	一般事项	30年
6	信访工作档案	
6.1	重要事项	永久
6.2	一般事项	30年
7	法律工作档案	
7.1	法院判决书、调解书等诉讼和仲裁等档案	永久
7.2	案件、纠纷、行政处罚、复议档案及公证事务中结论性材料	永久
7.3	五年普法规划、年度计划、规章、制度、办法等	30年
7.4	一般法律事务工作档案	30年
7.5	案件、纠纷、行政处罚、复议档案及公证事务中调查、协调过程形成的档案	30年
8	外事工作档案	
8.1	国际交往中发表的公报,签订的协议、协定、备忘录,重要的会谈记录、纪要等	永久
8.2	出访考察、参加国际会议、接待来访等外事活动、出访审批档案	永久

续表

序　号	归档范围	保管期限
8.3	产品进出口审批和办理手续、执行日程、考察报告等一般性档案	30年
9	风险管理、内控、审计工作档案	
9.1	风险管理、内控、审计工作制度、总结，审计意见、审计报告、专项审计通知、报告、批复、结论、调查与证明等档案	永久
9.2	风险管理、内控与审计工作方案、计划、报告、纪要等	30年
9.3	内部控制管理手册、风险识别、评估、控制等过程形成的档案，重大风险评估报告，风险管理体系建设档案	30年
10	社会责任工作档案	
10.1	本企业社会责任报告	永久
10.2	参与和投入社会公益、慈善、捐赠事业的记录档案	永久
10.3	赈灾、扶贫、献血、拥军优属等档案	永久
11	本企业的史、志、年鉴、大事记、组织沿革等编研成果，本企业编辑出版的书、报、刊等出版物	永久
12	本企业编制的简报、工作信息	30年
13	本企业编制的通报、情况反映、参考资料等	10年
14	基本建设管理档案	
14.1	基本建设工作管理制度、规定、办法、总结	永久
14.2	基本建设工作规划、计划，专项工作通知等档案	30年
本企业经营管理类文书档案		
1	本企业设立、变更、解散过程档案	
1.1	本企业筹办和设立的申请档案、政府相关部门批准设立本企业的相关档案	永久
1.2	本企业设立登记相关证照、证照变更登记档案	永久
1.3	本企业章程送审稿、批准稿及正式文本	永久
1.4	企业合并、分立、改制、上市、破产、解散或其他变更公司形式等过程中形成的档案	永久
2	本企业董事会、监事会、股东会构成及变更等方面的档案	
2.1	本企业董事会、监事会、股东会构成及变更档案，发起人协议	永久

续表

序 号	归档范围	保管期限
2.2	董事会、监事会、股东代表大会会议形成的档案	
2.2.1	会议通知、议程、报告、决议、决定、公报声明、记录、领导人讲话、总结、纪要、讨论通过的档案、参加人员名单	永久
2.2.2	讨论未通过的档案	10年
2.3	董事、监事、股东履职和维护权益过程形成的档案	
2.3.1	重要的	永久
2.3.2	一般的	30年
3	本企业资本登记、资本变动、融资档案	
3.1	国有资产管理部门对本企业国有资本金核算、确认、划转、变更的档案	永久
3.2	其他非国有组织或机构资本对本企业投资、投入核算登记、确认档案	永久
3.3	本企业证券和股票发行、增资扩股、股权变更等档案	
3.3.1	上市辅导和准备阶段形成的档案	
3.3.1.1	评估报告、审计报告、承销商出具的核查意见、股票发行上市辅导汇总报告、发行人律师意见书、律师工作报告、股东大会决议、董事会通过的资金运用方案决议、固定资产投资项目建议书、招股说明书及发行公告(含财务报告、盈利预测报告)	永久
3.3.1.2	与中介机构签订的上市辅导协议、尽职调查材料	30年
3.3.2	发行申请书、证监会核准档案、审核过程中提出的审核反馈意见	永久
3.3.3	股票发行申请报告及证券交易所的批复、发行方案、股票发行定价分析报告、路演推介档案	永久
3.3.4	上市推荐书、上市公告书、确定股票挂牌简称的函	永久
3.3.5	股票首次发行过程中形成的其他档案	
3.3.5.1	重要事项	永久
3.3.5.2	一般事项	30年
3.3.6	股票增发、配股档案	永久
3.3.7	增资扩股档案	永久
3.3.8	股权转让档案	永久

续表

序号	归档范围	保管期限
3.3.9	债权融资档案	永久
3.4	本企业股东、股权登记档案	永久
3.5	本企业融资工作中形成的其他档案	
3.5.1	重要事项	永久
3.5.2	一般事项	30年
4	本企业资产管理档案	
4.1	资产权属证明档案	
4.1.1	本企业土地、房屋、基础设施等不动产产权登记档案,重要的技术装备、设备等固定资产登记档案,自然资源的所有权、使用权、收益权等申请、批准、登记的档案	永久
4.1.2	本企业拥有的商标权、专利权、著作权、计算机软件、商业秘密、技术诀窍等知识产权创造、申请、审批、登记、运用、保护和管理中产生的档案	永久
4.1.3	本企业特许经营权证档案,本企业资质认证、商誉评估、信用评级等档案	永久
4.1.4	本企业其他固定资产和无形资产权属档案	永久
4.1.5	本企业境外资产与产权权属档案	
4.1.5.1	重要的	永久
4.1.5.2	一般的	30年
4.2	本企业资产与产权转让、买卖、抵押、租赁、许可、变更、清算、评估、处置、注销等资产变动档案,因产权变动所致职工身份变化的材料	永久
4.3	本企业其他债权、债务登记档案	
4.3.1	重要的	永久
4.3.2	一般的	30年
4.4	境内、外投资档案	
4.4.1	投资企业董事会、股东会档案、投资企业的财务报告、红利分配档案,股权证、转让协议等股权管理档案	永久
4.4.2	本企业在并购、参股、股权受让、基金业务及债权型投资等投资业务中形成的其他档案	

续表

序 号	归档范围	保管期限
4.4.2.1	重要的	永久
4.4.2.2	一般的	30年
5	本企业总经理办公会、党政联席会会议档案	
5.1	通知、议程、报告、决议、决定、公报声明、记录、领导人讲话、总结、纪要、讨论通过的档案，参加人员名单	永久
5.2	讨论未通过的档案	10年
6	本企业召开的工作会议、专题会议的档案	
6.1	请示、批复、通知、名单、日程、报告、讲话、总结、决议、决定、纪要、媒体宣传报道、录音录像	
6.1.1	重要的	永久
6.1.2	一般的	30年
6.2	代表发言、经验交流档案、简报	10年
7	本企业承办的大型展览会、博览会、论坛、学术会议、国际性会议的档案	
7.1	请示、批复、申办和筹办组委会组建档案、主要活动安排、议程、名单、主报告（原文及译文）、辅助报告（原文及译文），领导人贺词、题词、讲话、会徽设计、简报、新闻报道	永久
7.2	代表发言、经验交流	30年
7.3	委员会、分会会议和学术会议的讨论记录，会议代表登记表、接待安排	30年
8	有关机关和上级主管部门领导、社会知名人士检查、视察、调研本企业工作时形成的文件、工作汇报、录音录像等档案	
8.1	重要的	永久
8.2	一般的	30年
9	本企业向有关机关、上级主管单位的请示、报告，有关机关、上级主管单位批复、批示	
9.1	重要事项	永久
9.2	一般事项、无批复的重要事项	30年
9.3	无批复的一般事项	10年

续表

序 号	归档范围	保管期限
10	本企业收到的有关机关、上级主管单位等相关机构制发的档案	
10.1	涉及本企业经营管理重要事项和其他重要事项的	永久
10.2	与本企业经营管理等工作有关的一般的	10年
11	本企业与金融机构、中介机构及其他组织和个人来往档案	
11.1	本企业非资本经营业务中与银行、保险、证券、基金管理等金融机构业务往来的档案	
11.1.1	重要的	永久
11.1.2	一般的	30年
11.2	本企业非资本经营业务中与会计、审计、法律事务所等机构往来档案	
11.2.1	重要的	永久
11.2.2	一般的	30年
11.3	本企业与所属境外企业和机构业务往来档案	永久
11.4	本企业与其他单位或个人发生业务关系形成的档案	
11.4.1	本企业签署的战略合作协议、重要谈判的合同协议	永久
11.4.2	本企业签署的长期合同或协议及其补充件	
11.4.2.1	重要的	永久
11.4.2.2	一般的	30年
11.4.3	本企业签署的短期合同或协议及其补充件	
11.4.3.1	重要的	30年
11.4.3.2	一般的	10年
11.5	本企业对其他单位或个人的资信调查、客户管理等档案	
11.5.1	重要的	30年
11.5.2	一般的	10年
11.6	本企业对外发布的公告、公示等档案	
11.6.1	重要的	永久
11.6.2	一般的	30年

续表

序号	归档范围	保管期限
12	直属单位、所属和控股企业的请示、报告、函,本企业的批复、复函等档案	
12.1	重大问题	永久
12.2	一般性问题	30年
13	本企业经营决策、建设项目(含境外项目)管理、企业管理、资本经营、财务、物资管理、产品与服务业务管理、市场开发与营销、产品与服务销售管理、售后服务管理、客户信息、信誉、统计等管理工作档案	
13.1	经营计划、决策档案	
13.1.1	本企业中长期规划、纲要,重要的经营决策档案	永久
13.1.2	本企业年度计划、任务目标、总结、统计档案	永久
13.1.3	本企业半年、季度、月份等计划、总结、统计档案	10年
13.1.4	本企业、所属和控股企业的经营目标责任书、业绩考核评价档案	30年
13.2	建设项目工作档案	
13.2.1	建设项目工作规划、计划、总结等档案	永久
13.2.2	建设项目工作制度、办法、规定等档案	永久
13.2.3	项目前期立项、规划、论证、设计、招投标、协议、合同、申请、审批等档案	永久
13.2.4	项目检查、竣工验收、重要的专项报告、审批意见	永久
13.3	企业管理档案	
13.3.1	企业管理规划、计划、总结、实施方案、制度、规定、办法等	永久
13.3.2	企业管理方案实施、检查验收档案	30年
13.4	资本经营工作档案	
13.4.1	资本经营工作规划、计划、总结、条例、制度、办法、规定、决定等	永久
13.4.2	资本经营工作通知、纪要、记录、调研报告	30年
13.5	财务工作档案	
13.5.1	财务管理制度、规定、办法、总结	永久

续表

序号	归档范围	保管期限
13.5.2	生产财务和成本核算档案	永久
13.5.3	资金管理、价格管理、会计管理档案	永久
13.5.4	本企业税务登记、交纳、减免、返还等工作档案	永久
13.5.5	本企业财务预、决算报告	永久
13.5.6	财务管理工作计划、报告、通知	30年
13.5.7	固定资产新增、报废、调拨档案	30年
13.5.8	本企业经营盈亏情况报告、报表	
13.5.8.1	重要的	永久
13.5.8.2	一般的	30年
13.6	物资管理档案	
13.6.1	物资管理工作制度、规定、办法	永久
13.6.2	物资台账、统计报表	30年
13.6.3	物资分配计划、记录	10年
13.6.4	物资采购审批手续、招投标档案、合同、协议、来往函件,物资保管台账、出入库记录等	
13.6.4.1	重要的	30年
13.6.4.2	一般的	10年
13.7	产品与服务管理档案	
13.7.1	产品与服务发展规划、计划、总结等	永久
13.7.2	产品与服务管理制度、办法、规定等	永久
13.7.3	调查研究档案	
13.7.3.1	产品与服务的技术、经济可行性研究报告,市场需求分析报告、收益预测分析报告	30年
13.7.3.2	产品与服务市场调查、技术调查、考察、预测报告、调研综合报告	10年
13.7.4	产品与服务决策档案	
13.7.4.1	产品与服务发展建议书、技术建议书、协议书、委托书、合同等	永久
13.7.4.2	专题分析报告、专题会议纪要	30年

续表

序　号	归档范围	保管期限
13.7.4.3	研制或开发计划、方案及方案论证报告	30 年
13.7.5	阶段评审档案	30 年
13.8	市场开发与营销	
13.8.1	市场营销工作总结、制度,营销组织、市场网络建设、境外市场拓展、品牌建设等档案	永久
13.8.2	业务开办、产品上市或终止的申请、报备、批复等档案	永久
13.8.3	市场营销工作规划、计划等	30 年
13.8.4	产品销售计划档案,产品订货会、市场分析和用户调查档案	30 年
13.8.5	产品市场推广、营销宣传等档案	30 年
13.9	销售管理档案	
13.9.1	销售管理制度、规定、办法,销售合同、协议、函件	永久
13.9.2	售后服务档案	30 年
13.10	客户信息及资信调查档案	
13.10.1	重要的	永久
13.10.2	一般的	30 年
13.11	企业认证、达标等活动的呈报、审批档案,企业获得的资质、信誉证书方面的档案	永久
13.12	企业形象宣传档案	永久
13.13	统计工作档案	
13.13.1	统计工作制度、规定、办法,综合性统计报表	永久
13.13.2	生产、技术、经济统计报表及分析档案,工业普查报表	永久
13.13.3	一般性统计分析档案	30 年
本企业生产管理类文书档案		
1	生产组织工作档案	
1.1	生产组织工作制度、办法、总结等	永久
1.2	生产组织工作规划、计划、报告	30 年
1.3	生产作业计划编制、执行及调度工作档案	10 年
1.4	生产调度会议记录	30 年

续表

序号	归档范围	保管期限
1.5	生产活动分析档案	10年
2	质量管理工作档案	
2.1	质量工作条例、制度、规定、总结,质量体系建设、运行及管理档案,产品创优获奖证书	永久
2.2	质量工作规划、计划、措施	30年
2.3	产品质量检测、化验、试验档案	30年
2.4	全面质量管理工作形成的档案	30年
2.5	质量异议处理、事故分析及处理档案、质量认证、检查、评比档案	永久
2.6	产品召回、理赔等档案	永久
3	能源管理工作档案	
3.1	能源管理工作规定、总结	永久
3.2	能源管理计划、统计报表,能源消耗定额管理档案	30年
3.3	节能工作档案	30年
4	设备仪器管理工作档案	
4.1	设备仪器管理工作制度、规定、办法、总结等	永久
4.2	设备仪器管理工作规划、计划等	30年
5	安全生产工作档案	
5.1	安全技术管理制度、办法、总结,自然灾害、生产安全事故抢救、调查、处理档案	永久
5.2	安全技术管理规划、计划、通报、会议记录、安全体系建设档案等	30年
5.3	安全、消防教育、应急演练活动档案	10年
6	环境保护工作档案	
6.1	环境保护工作制度、总结,环保调查、监测、分析档案	永久
6.2	环境保护工作规划、计划	30年
6.3	环境影响评价书,环保污染防治措施、总结、报告,污染事故抢救、调查、处理档案	永久
7	计量管理工作档案	

续表

序号	归档范围	保管期限
7.1	计量工作制度、规定、办法、总结等	永久
7.2	计量工作规划、计划等	30年
7.3	计量设备、仪器、器具定期检查记录	10年
8	科技管理工作	
8.1	科技管理工作制度、总结,新产品开发、科技攻关项目、科技成果管理、技术引进档案	永久
8.2	科技发展规划、计划、办法等	30年
8.3	技术革新与合理化建议档案	10年
8.4	学术交流活动档案	10年
9	信息化管理工作档案	
9.1	企业信息化管理制度、总结等档案	永久
9.2	信息化发展规划、计划、办法等	30年
9.3	企业信息化总体设计方案,信息系统设计、开发、实施过程评审档案	30年
9.4	信息系统运行维护、数据管理、安全保密等的方案、记录、报告	30年
10	标准管理工作档案	
10.1	标准工作制度、规定、办法、总结,企业基础标准、技术规范、管理标准、工作标准、生产技术规范编写、评审、发布档案	永久
10.2	标准工作规划、计划等	30年
11	图书、情报工作档案	
11.1	图书、情报工作制度、规定、办法、总结	永久
11.2	图书、情报工作规划、计划等	30年
本企业其他事务管理档案		
1	企业接待工作计划、方案,重要来宾有关的照片、录音、录像、题词、讲话、批示等	
1.1	重要的	永久
1.2	一般的	30年
2	企业住房房产分配、出售、出租工作档案	永久

续表

序号	归档范围	保管期限
3	企业职工承租、购置企业房产的合同、协议和有关手续	永久
4	新闻媒体对本企业重要活动、重大事件、典型人物的宣传报道	永久
5	企业文化建设	
5.1	企业文化建设方案	永久
5.2	企业文化建设其他档案	
5.2.1	重要的	永久
5.2.2	一般的	30年
6	企业纪念、庆典活动档案	
6.1	重要的	永久
6.2	一般的	30年
本企业基建档案		
1	改制企业涉及改制企业基建工作管理制度、规定、办法、总结的基建档案	永久
本企业设备档案		
1	反映改制企业主要职能活动和业务工作的设备档案	永久
本企业产品档案		
1	改制企业重要的特殊产品档案	永久
2	涉及专利、知识产权、国家安全、国家秘密的产品档案	永久
本企业科研档案		
1	改制企业重大科研项目的科研档案	永久
2	涉及专利、知识产权、国家安全、国家秘密的科研档案	永久
3	获省部级以上奖励的科研档案	永久
4	公有改制企业所有科技档案	永久
本企业会计档案		
1	会计凭证	
1.1	原始凭证	30年
1.2	记账凭证	30年
2	会计账簿	

续表

序 号	归档范围	保管期限
2.1	总账	30 年
2.2	明细账	30 年
2.3	日记账	30 年
2.4	固定资产卡片	固定资产报废清理后保管5年
2.5	其他辅助性账簿	30 年
3	财务会计报告	
3.1	年度财务会计报告	永久
3.2	月度、季度、半年度财务会计报告	10 年
4	其他会计资料	
4.1	会计档案移交清册	永久
4.2	会计档案保管清册	永久
4.3	会计档案销毁清册	永久
4.4	会计档案鉴定意见书	永久
4.5	银行存款余额调节表	10 年
4.6	银行对账单	10 年
4.7	纳税申报表	10 年
本企业人事档案		
1	本改制企业员工本人的、真实的、对职工权益具有凭证价值的人事档案	永久
2	无去向人事档案(含已故人员)	永久
本企业改制过程中形成的档案		永久

第三编

部分地区改制企业档案管理调研报告

第一章 辽宁省改制企业档案资源管理工作调研报告

欧 平

辽宁省是中国老工业基地之一,作为国家的原材料基地、重型装备基地、军事工业基地,国有大中型企业相对集中,曾为中国经济建设做出过重要贡献。随着经济体制改革的深化和市场经济的发展,从 20 世纪 80 年代开始,辽宁省部分国有企业由于基础设施老化,体制性、结构性等矛盾突出,发展举步维艰。一大批国有企业相继破产、转制、重组、兼并、合资、转让以及实行股份制改造等(以下简称改制),这些企业档案如何处置,能否将企业档案与其他固定资产、无形资产等同等对待,是否能够得到妥善保管等一系列问题成为企业档案工作的重要内容。

第一节 改制企业档案工作的背景

新中国成立以来,辽宁省作为国家"一五"计划重点投资兴建的老工业基地,几十年内,确立和完善了计划经济体制。辽宁省的经济依赖于计划体制,曾创造了辉煌的业绩,工业门类齐全、国有资产存量巨大、重工业基础雄厚、产业工人群体庞大,被称为共和国的装备部。辽宁老工业基地的问题浮现于 20 世纪 80 年代中后期,作为受计划经济影响最深重的地区,随着市场经济的发展和改革开放的不断深入,辽宁老工业基地的体制性、结构性矛盾日益显现,进一步发展面临许多困难和问题。主要问题有:市场化程度低,经济发展活力不足;所有制结构比较单一,国有经济比重偏高;产业结构调整缓慢,企业设备和技术老化;企业办社会等历史包袱沉重,社会保障和就业压力大;资源型城市主导产业衰退,接续产业亟待发展等。

2003年,党中央、国务院提出实施振兴东北老工业基地重大战略,辽宁省加大了国有经济布局和结构调整的力度,全面推进国有企业产权制度改革,通过重组、联合、兼并、破产、承包经营、合资、转让国有产权和股份制、股份合作制等多种形式,使全省国有企业改革取得了突破性进展。

1986年8月3日,沈阳防爆器械厂因资不抵债,宣布破产,成为全国第一家破产企业。随后,一些债务缠身、无以为继的国有企业也纷纷破产。企业破产后,档案安全保管曾受到严重威胁。有些企业档案没有专人管理,甚至无人管理,有的企业在破产留守人员中指定人员监管,这些人员既不懂档案管理,又无事业心和责任感,不过问档案管理工作,致使档案工作瘫痪,更有甚者发生了档案丢失、损毁案件。据不完全统计,在国有企业破产转制后,仅辽阳地区就发生5起档案丢失被盗事件,涉及档案数量数千卷。辽阳印染厂在破产清理工作期间,忽视档案安全保管,造成大量文书档案、设备档案和46名职工档案丢失,致使企业重组和职工安置工作受到影响;原灯塔化肥厂8名职工档案以及相当数量其他档案丢失;辽阳县新兴化工厂2912卷会计档案和35名死亡职工档案被卖掉;辽阳铁合金六分厂1984年以前3000卷会计档案被盗。上述事件和案件,虽然各方面在事后采取了相应的处罚和补救措施,对于几起被盗案件公安机关均已介入,但都造成了无法弥补的损失。铁岭市染织总厂前身铁岭市色织厂全部档案在改制时已经销毁。这些丢失、被盗案件的发生,也折射出档案行政管理部门的监管漏洞,没有一个切实可行的规章或办法,无法保证改制企业档案的安全。

1996年年初,辽宁省档案局会同辽宁省经贸委等有关部门深入部分国有破产企业进行调研,制定了《辽宁省破产企业档案管理规定》,于1997年12月以辽宁省政府第88号省长令发布。至此,辽宁省改制企业档案工作实现了有法可依,改制企业档案工作在全省迅速开展。

第二节　改制企业档案工作现状

截至 2013 年年底,辽宁省国有大中型改制企业共计 8899 户,其中,国有破产企业 1597 户,国有改制企业 7302 户。全省 107 户大型国有企业,有 59 户在集团企业或母公司层面实施了各种形式的改制重组。目前,全省国有控股上市公司 26 家,发行股票 28 支,国有股本 140.7 亿元,占总股本的 45%。资产规模过百亿的企业有 41 户,收入规模过百亿的企业有 12 户。

辽宁省民营企业数量已占省内企业总数的 90% 以上,占经济总量的 67%,成为辽宁省经济的重要组成部分。全省个体工商户达到 170 万户,私营企业达 39.1 万户,个体、私营企业的从业人员达到 765 万人以上。全省大部分县(区)财政收入的 50% 至 60% 来源于个体私营经济,个别县(区)达到了 80% 以上。同时,非公有制经济已成为解决就业的主渠道,提供了 80% 以上的城镇就业岗位和 90% 以上的新增就业岗位。

全省改制企业形成档案共计 968 万余卷。其中,国有破产企业档案 384 万余卷,国有改制企业档案 584 万余卷。改制企业形成的档案包括会计档案、科技档案、文书档案、职工(人事)档案等类别。

一、建章立制,改制企业档案工作有章可循

辽宁省政府于 1997 年 12 月以《辽宁省人民政府令》发布的《辽宁省破产企业档案管理规定》,对破产企业档案管理权的归属、管理权的转移方式及转移对象、档案的清理移交、移交范围、接收单位对档案的管理,以及企业破产过程中档案的收集归档等方面提出了具体的要求,并规定各级档案行政管理部门作为各级破产清算组成员参加破产档案的处置工作。

1998 年,国家档案局、国家体改委、国家经贸委、国资局联合制发了《国有企业资产与产权变动档案处置暂行办法》(以下简称《暂行办法》),辽宁省档案局及时会同相关部门联合转发了此《暂行办法》。2007 年,辽宁省档案局与辽宁省国资委联合印发《关于加强国有企业改制及国有产权

变动档案管理的通知》,一系列法律法规、规范性文件的出台使改制企业档案管理工作有章可循,为加强改制企业档案工作创造了良好的外部环境。全省14个省辖市都转发了这两个文件,并与有关部门联合出台了本地区的有关规定、办法。

1. 以两办名义发文,规范改制企业档案工作

1999年,抚顺市政府印发了《抚顺市破产转制企业档案管理办法》,2009年,抚顺市委办公厅、市政府办公厅印发《抚顺市推进国企改革和解决已改制企业遗留问题的实施办法》;2000年,辽阳市政府印发了《关于加强全市破产出售合资合作企业档案管理的通知》;2004年鞍山市委办公厅、市政府办公厅印发了《关于进一步加强破产转制企业档案管理的意见》;2005年,本溪市政府印发了《本溪市国有企业资产与产权变动档案处置办法》;2006年,阜新市政府印发了《阜新市国有企业资产与产权变动档案处置办法》;等等。这些办法、意见等从不同侧面对改制企业档案工作提出具体操作办法,明确改制企业档案的归属和流向、所需资金数额及来源渠道等。

2. 联合发文或企业内部发文,对改制企业档案进行规范

沈阳、大连、葫芦岛、锦州、营口、朝阳等市与发改委、国资委、经委等相关部门就破产转制企业档案处置等文件联合发文,予以规范。一些集团公司、破产企业主管部门也制定相应制度做好改制企业档案工作。

阜新矿业集团成立于1949年,是新中国最早建立起来的重要能源生产基地之一,2000年启动所属企业破产工作,新邱露天矿等7个煤矿企业先后破产。阜新矿业集团先后制定了破产企业档案接收制度、档案整理制度等,下发到破产矿及主管破产的相应部门,成立了由党委书记、总工程师、各部门负责人组成的破产档案鉴定小组,对破产档案进行有效监管。

南票煤电公司于2007年成立,是由辽宁南票电厂和沈阳金山能源股份有限公司共同出资收购原南票矿务局组建而成,企业性质为国有股份制,隶属于辽宁省煤炭工业管理局。该公司在企业改制过程中,坚持"三不变"原则,即档案管理方式不变,档案管理体制不变,档案管理人员不变,有效地保证了改制企业档案工作的健康发展。

二、积极沟通,争取资金投入及设施设备

国有企业改制档案管理是一项政治性强、涉及面广、工作量大的工作,非档案局单兵作战所能完成。辽宁省档案局主动向分管档案工作的副省长、秘书长汇报,介绍改制企业档案工作情况,强调改制企业档案的重要程度及处置过程,最后取得领导的支持。辽宁全省各地区也积极争取领导的重视,加快改善档案馆库建设,加大对国有企业改制档案接收进馆的力度。

本溪水泥厂破产后,近 1 万卷档案及 2400 平方米馆房一并移交市档案馆;大连市财政投资 3500 万元,建设面积为 8000 平方米的专用档案库房——大连市破产与产权变动企业档案馆,现已建成准备投入使用;抚顺市批准成立抚顺市国有破产企业档案管理中心,2010 年 10 月将原抚顺市财政税收监督检查办公室 1500 平方米的办公楼作为破产企业档案保管场所,目前已经接收 7 个破产企业的 1 万余卷档案。

在国有企业改制过程中,各级档案部门积极争取当地政府支持,解决国有企业档案处置经费不足问题。抚顺市委市政府制定出台《抚顺市推进国有企业改革和解决已改制企业遗留问题的实施办法》,规定档案移交费用每卷4.8元;鞍山市规定每卷档案保管费用为 12 元,由破产清算组在破产企业清算费用中列支;锦州市档案馆接收三家破产企业档案共计 18258 卷(册),档案保管费用25 万元;营口市《关于破产企业档案的处置方案》中规定,档案整理鉴定移交费每卷(册)4 元,破产企业一次性支付寄存保管费每卷(册)4 元;阜新市经物价部门核准,收取破产企业档案保管费每卷 10 元;辽阳市破产转制企业档案处置经费每卷 5 元;朝阳市破产转制企业档案处置经费每卷 10 元;盘锦市档案馆对于没有条件继续保存档案的破产转制企业提供档案寄存服务,移交进馆每卷保管费用为 5 元;成立托管中心的鞍山市铁西区、立山区皆由区政府解决档案的保管经费问题。这些档案经费基本满足了改制企业档案管理需求。

第三节　改制企业档案资源的归属与流向

从20世纪80年代辽宁省开启国有企业破产工作程序开始,破产企业档案的处置工作随即依法、依规展开。主要依据是《辽宁省破产企业档案管理规定》(省政府第88号令),企业主管部门成立破产企业清算组(或企业改制领导小组),负责所属企业破产工作。各级档案行政管理部门积极参与破产企业清算组(或企业改制领导小组)工作,共同负责破产企业档案处置工作。

阜新市成立了阜新市改制企业档案管理小组,由市档案局局长任组长,分管领导、相关科室负责人与具体工作人员为成员。与改制企业主管部门多次联合对改制企业档案工作进行检查指导,要求对其存在的问题进行整改,并将改制企业档案移交至主管部门或市档案馆。

鞍山市档案局与鞍山市国有资产监督管理委员会联合制发《关于破产改制企业档案集中统一保管工作的安排意见》规定国有破产改制企业档案由鞍山市档案局(馆)实行集中统一代保管,各破产改制企业将整理完毕的档案向市档案馆移交,进馆档案包括企业破产前档案和破产清算组形成的档案,鞍山市各级档案馆共接收了131638卷破产企业档案。

大连市档案局(馆)被列为市破产清算工作领导小组单位成员,积极参加相关企业的破产清算组会议,开展改制企业档案监管工作,2013年年底,市档案局经科处派专人参加了金州盐场的破产清算会议。辽宁省国有改制企业档案的最终归属大致分为七种类型。

第一种类型是企业破产,其档案由所在地综合档案馆整体接收,职工档案随职工本人转移或由劳动与社会保障部门代为保管。2001年,辽宁镁矿总公司破产后,其各类档案1.8万多卷及大石桥镁矿公司档案106卷,整体移交给辽宁省档案馆;沈阳市档案馆接收了沈阳冶炼厂等5家国有破产企业的档案计5万余卷;大连市档案馆已接收38家破产企业档案共计15.3万余卷;锦州矿山机械厂破产后企业档案移交锦州市档案馆;辽阳市档案馆接收辽阳纺织厂等15家破产企业的档案8万余卷;朝阳市档案馆共计接收了 68 家改制企业的档案约 17 万卷。

第二种类型是破产企业档案随资产转让移交给新的企业。企业破产后，经过资产重组分割转让，组建成新的企业。在这部分企业中，一部分档案随资产转让移交给新的企业，主要包括企业基建、设备、产品、科研等类档案，另一部分如会计、生产技术管理、党群管理、行政管理等类档案移交给企业主管部门或寄存所在地综合档案馆。职工档案一般随职工本人转移。沈阳救护车厂破产后，厂房、设备仪器和厂区土地使用权作价拍卖给沈阳汽车附件厂，沈阳汽车附件厂将其厂房、设备仪器和厂区土地使用权档案一并带走，其他档案移交沈阳市档案馆。铁岭市橡胶制品厂 1996 年破产后，该厂的设备、工艺、产品、基建等类档案与资产一起转让给购买方，其余文书、会计档案移交给市经委档案室。2002 年，这部分档案整理后移交到铁岭市档案馆。

第三种类型是企业破产后，企业资产被其他企业整体购买或兼并，企业档案随企业资产整体转移。2001 年北票矿务局破产后，其新中国成立前的历史档案移交给了北票市档案馆，新中国成立后形成的 6 万多卷局本身的档案和其下属 16 个二级企业的 10 万多卷档案被移交给新成立的北煤有限责任公司代保管。南票矿务局破产后组建了南票煤电公司，由组建后的新企业完完整整地接收了原企业档案。

第四种类型是大型企业集团下属企业破产后，其档案被集团企业档案部门或企业主管部门接收。阜新矿务局所属的新邱露天矿等 7 个企业破产后，其档案 3.3 万卷由阜新矿务局档案馆接收。大连起重集团下属的两个企业破产后，其档案由集团公司档案部门接收。大连远洋渔业集团下属的驻西非集团的子公司破产后，其 4000 多卷档案被运回国内由公司档案室保存。沈阳地毯厂破产后，企业档案被企业主管部门沈阳工艺美术工业公司整体接收。

第五种类型是企业部分资产转让、租赁或实行股份制，档案由原企业自行保管。沈阳市交通局组建沈阳客运集团，核心企业为沈阳客运集团公司。沈阳客运集团公司部分国有资产转让，其档案流向是：由于购土地一方是购买土地使用权，其土地使用证明等档案材料移交购买商，而原土地

改制企业档案管理实践与创新

上附属各种建筑物的档案材料及其他材料仍留在客运集团公司档案部门。

第六种类型是有些企业虽然已公告破产，但由于种种原因，企业资产并未处理，部分环节仍在运转。在这类企业中，档案工作也像其他工作一样，处于停滞状态。如朝阳市无线电元件厂、朝阳兽药厂、朝阳中药厂等企业档案都是就地封存。铁岭市有5家改制企业的档案由于保管条件有限，按照主管部门的要求，统一锁在一个规模较大的停产企业库房中，还有的企业档案保存在居民小区楼房、门市房或其他单位写字楼的办公室，也有部分企业，除会计档案外，其他档案已散失。

第七种类型是国有企业改制过程中形成的档案，主要保存在国有权持有单位、体改委、国有资产管理部门、综合档案馆及相关部门。2004年，随着体改委的撤销，2004年以前的国有企业改制档案随体改委全部档案一并由同级档案馆接收进馆。2004年后的国有企业改制档案主要在国有资产管理部门保管。

第四节　改制企业档案管理现状及利用价值

国有企业改制后档案在综合档案馆、企业主管部门、劳动与社会保障部门的，保管条件基本能够得到保证，档案进行了鉴定和整理。据不完全统计，截至目前，辽宁省改制企业档案移交当地市级综合档案馆共计120余万卷（册），占改制企业档案总量的12.4%。

各级综合档案馆对接收进馆的改制企业档案进行了妥善的保管，采取多种形式提供档案为社会服务。例如，辽宁省朝阳市档案馆利用媒体定期公布馆藏改制企业名单、查阅方式及查阅时间、注意事项等，主动与国资委进行沟通，简化了利用程序和手续。近年来，国家对"特殊工种职工""五七工""家属工""独生子女职工"等都给予了特殊政策，牵涉很大一个社会群体的实际利益，对他们的生活稳定乃至社会和谐影响极大。而落实这些政策的依据是他们的工龄、工资等档案，以至于几年来这些人已成为档案馆查阅利用档案的主体，有3000多名下岗职工查到所需材料，得以享受相应政策待遇，其中仅落实特殊工种职工提前退休就涉及资金达几亿元。

2003年改制企业档案进馆以来,接待查阅企业档案成为该馆利用工作的主体。2003年至2014年,该馆共接待利用改制企业档案13161人次,利用档案154407卷次。仅2015年1月到4月,该馆已接待1251人次,利用档案16986卷次。大连市档案馆利用改制企业档案平均每年接待400余人,利用档案2000余卷次。锦州市档案馆开设了电话查档、预约查档,为利用者查阅改制企业档案开辟绿色通道,为社会稳定发挥了作用。

由企业保管的改制企业档案,其保管条件参差不齐,有的企业条件较好,领导重视,指定专门人员对档案实行规范化管理。2004年实行股份制改革的沈阳三鑫集团有限公司,将档案管理作为企业管理的一项重要基础工作,2006年顺利通过了辽宁省企业档案工作规范化管理AA级评估,成为沈阳市首家档案工作通过AA级评估的民营企业。转制后的阜新寰宇橡胶股份有限公司建立了适应档案工作需要、设施完备的档案室,2007年通过AAA级(辽宁省企业评估最高级别)评估。有的企业档案保管条件差,企业破产后,将档案存放在临时租用的住宅楼或平房内保管,无专人管理,缺少必要的保管设施,档案面临损毁的危险。如某企业破产清算组进入该厂时,3000余卷档案下落不明,4000余卷财务档案也只剩下不足1000卷。职工档案丢失的现象更为严重,影响职工享受各种保险等事件时有发生。

在辽宁省国有企业改制过程中,整合了国有转制企业档案584万余卷(册),国有破产企业384万余卷(册),这些档案是国家档案资源的重要组成部分,其价值会与日俱增。如北票矿务局、杨家杖子矿务局、八家子铅锌矿、辽宁镁矿公司等大型资源性矿山企业的地质勘探档案和矿山建设档案,是国家几十亿的投入和几代矿山人辛勤劳动成果的结晶,其价值不会因为矿山企业的破产而失效。企业职工档案更是涉及千百万职工的切身利益和社会的稳定,是职工享受国家政策、接续养老、失业、医疗等项保险,办理退休手续的重要依据。企业的其他档案对于印证历史、总结经验其意义也不容低估。

辽宁省改制企业档案利用主要集中在企业会计档案、职工档案及文书档案中涉及职工情况的部分,利用目的主要是检察机关追查职务犯罪,查找犯罪事实;原企业职工为再就业、办理养老保险、医疗保险、提前退休等查找凭证;国有资产和审计部门为清查国有资产查找依据;政府、企业为固定资产所有权问题查找依据等。如杨家杖子经济开发区利用档案解决了其在兴城市海滨乡境内 105 万平方米土地的权属问题,避免了经济纠纷,节约亿元资金。阜新蒙古族自治县水泥厂职工到县政府上访,要求享受国家和社会养老保险,领取退休生活费及处置企业公房等。县信访局到档案馆查阅了该破产企业档案,档案证实水泥厂破产后,县政府已经对该厂所有职工安置等问题进行了妥善解决,并形成专题会议纪要。面对当时处理的结果,上访人员无话可说,档案化解了矛盾。

第五节　改制企业档案工作中存在的问题

辽宁省在企业改制过程中,绝大多数档案得到妥善处置。但是,在处置改制企业档案工作中,存在着不容忽视的问题。

一、档案法制观念淡薄,存在有法不依现象

许多部门和企业缺乏档案法制观念,一些单位和个人只顾眼前利益,忽视档案的作用和价值,对改制企业档案置之不顾,档案损失严重。《辽宁省破产企业档案管理规定》以省长令的形式颁布,对企业在改制过程中档案的管理、处置、流向、移交保管等明确规定,但是许多企业、主管部门、改制领导小组等在改制工作过程中,未按国家有关规定将档案行政管理部门纳入改制企业工作,没有及时通知档案行政管理部门参与工作,没有将企业的文书、科技、会计等档案按规定列入清算和处置事项之中,档案处置滞后于国有企业改制的其他工作,只是在改制工作完结后,留守人员才向档案管理部门协调去向问题。出现了企业破产清算工作都已结束,档案却没有得到妥善处置,成为最后的遗留问题,为档案管理部门再行处置增加了极大的难度。

二、档案处置缺少专项经费,改制企业档案处置工作所必需的经费难以落实

依据相关规定,在企业资产与产权变动过程中,档案的整理、鉴定、移交、寄存等工作所需费用,由原企业支付,破产企业在破产费用中列支。这些规定在一定时期起到积极作用,保证了改制企业档案接收进馆。然而,也正是因为有这项规定,一些企业因资金问题瞒报了应移交档案的数量,或不向当地综合档案馆移交,或只移交了其中的一部分,给后续的档案利用带来了困难。有些改制企业无法筹集向同级档案馆移交的费用,移交工作受阻。

三、档案馆库房容量制约改制企业档案接收工作

改制企业档案大批量移交到地方综合档案馆,引发了档案数量众多与当地综合档案馆库房容量有限的矛盾。有些市、县区档案馆馆藏基本处于饱和状态,已无力接收大量档案进馆。近几年虽然各市、区均有新建档案馆,保管条件得到了改善,但大部分档案馆库房依然紧张,接收破产企业档案能力较弱。

四、保存在企业的部分改制企业档案仍然存在安全隐患

当前,仍有相当一部分改制企业的档案还存在分散保管、档案工作无专人管理等安全隐患,档案的安全受到威胁。营口市目前尚有 45 家破产、改制企业档案得不到妥善保管。其中有 15 家约 11 万卷档案堆放在营口市市直工业企业留守处;有 14 家约 10 万卷档案堆放在已破产的冷藏箱总厂的废弃厂房二层 14 个房间;有 16 家约 11 万卷档案仍然由原破产、改制企业保管。这些破产企业的档案管理很差,具体反映在:一是档案类别不清,档案数量不详;二是绝大多数档案装在编织袋中,胡乱堆放在地上,极少部分档案装在破旧的柜子里,缺乏日常管理和维护;三是多个破产企业档案无序地堆放在一起,就连留守人员自己也分辨不出哪些档案属于哪个企业,无法提供利用。

第六节 改制企业档案资源处置方案设计建议

一、改制企业档案资源处置办法的价值取向

改制企业档案资源处置办法应当对改制企业档案处置的机构、组织、人员、档案的价值评估以及改制企业档案的最终归宿等做出规定,保证改制企业档案处置的合理、合法、合规、合格,最大限度地发挥改制企业档案的作用。

1. 将改制企业档案评估纳入改制企业档案处置办法

当前,改制企业档案转让的最大问题就是档案作为企业资产的一部分,是否应该进行价值评估。对此,《破产法》中没有明确做出规定。在《国务院办公厅转发国务院国有资产监督管理委员会关于规范国有企业改制工作意见的通知》(国办发〔2003〕96号)中只是将企业的专利权、非专利技术、商标权、商誉等无形资产纳入国有企业改制资产评估范围。中介机构只是对转制企业的有形资产为债权人进行评估,而作为有形资产的载体——档案,没有作为无形资产纳入评估程序,致使档案价值无法认定,改制企业对档案的重视程度大打折扣,影响了改制企业档案的妥善处置。《辽宁省破产企业档案管理规定》(《辽宁省人民政府令》第88号)明确规定:"破产企业档案清理移交应当与国有资产清理移交同步进行。在企业资产评估中应当对记载企业无形资产(荣誉、商标、专利、专有技术等)的档案进行价值评估。"

档案没有作为无形资产进行评估,使很多档案随着企业的转让而被无偿转让,或被当成包袱做出不当处置。而如果在改制企业档案处置办法中,明确对改制企业档案价值评估的办法,或单独制定改制企业档案价值评估办法,明确把改制企业的档案评估列入企业资产的管理范围,改制企业档案就会得到妥善处置。

2. 着力解决改制企业档案保管经费问题

在改制企业档案处置办法中,应当明确规定改制企业档案保管资金的

来源渠道,即改制企业档案保管所需费用应从企业改制费(破产费)中列支,解决改制企业档案进馆难的问题。建议与财政、物价等有关部门规定具体费用标准,列入改制企业档案处置办法,使档案馆在接收改制企业档案或改制企业在处置档案时有依据。

辽宁省破产企业一般建厂比较早,档案数量大,除了能随企业资产一起转让的部分外,其他反映企业历史的文书、会计等档案移交给主管部门或综合档案馆,造成接收单位相当大的负担。主管部门由于库房条件及机构改革被撤销等原因不能接收。综合档案馆由于库房面积、物力、财力的限制也不具备接收条件,即使接收,大部分档案也摆放在不符合保管条件的地方,保证不了档案的安全,更谈不上规范化管理。

3. 重点解决档案行政管理部门提前介入问题

改制企业档案收集工作难以开展的一个主要原因就是信息滞后。在改制企业档案处置办法中应当明确档案行政管理部门作为改制清算组成员单位参加企业改制工作,解决提前介入问题。

国有企业破产依据《破产法》规定由人民法院管辖,而人民法院与档案行政管理部门缺乏沟通。《破产法》没有将档案的妥善处置工作纳入企业破产程序之中,因而各级档案行政管理部门因无法可依而被排除在破产程序之外,不能进行有效的监督和管理,改制企业档案的完整性、安全性得不到保障。

4. 将改制企业申报制度纳入改制企业档案处置办法

为保证对改制企业档案工作的指导与档案的妥善处置,档案行政管理部门就必须对改制企业进行跟踪指导。要做到这一点,需要建立改制企业档案申报制度。明确规定,改制企业在处置其资产与产权的同时,要报企业主管部门和当地档案行政管理部门,办理登记手续,申请档案处置事宜,强化各级档案行政管理部门对改制企业档案工作的监管。

二、改制企业档案处置办法的基本原则

改制企业档案处置办法的基本原则应当是:贯彻执行国家有关档案工作的法律法规,妥善保管改制企业档案,最大限度发挥改制企业档案在

经济和社会发展中的作用,对于破产企业档案,坚持整体移交、集中统一管理原则。

多年来,在指导破产企业档案工作中,辽宁省坚持整体处置破产企业档案原则,以便于破产企业档案处置工作的具体操作和社会各方面对这部分档案的综合开发利用。1999年被宣告破产的杨家杖子矿务局的档案真实完整地记录了杨家杖子矿务局50年来的生产、经营、地质储量、矿山建设的历史。共有各类企业档案37020卷,各种地质图和生产建设用图40085张,照片档案1472张,实物档案175件,连同原矿务局档案馆1245平方米馆房及装具、设备和六名档案管理人员,一同移交给杨家杖子经济技术开发区,组建了杨家杖子开发区档案馆。现馆藏档案22个门类90314卷,成为杨家杖子地区档案信息储存基地和档案利用中心,年平均利用档案3000多卷次,1500人次。为本地区经济发展和社会稳定发挥了积极作用。其经验在全省破产企业档案处置中得到推广。

三、改制企业档案资源的性质、范围、来源、所有权与管理权

改制企业档案资源是企业发展的真实记录,反映了企业历史、发展、改革、变迁等一系列活动,是企业资产的重要组成部分,是维持企业生存和发展的重要信息资源,记载了企业的全部有形资产和无形资产,其档案包含计划经济、市场经济及转型期等各个历史时期的生产、科研、销售、经营管理、市场信息、政策法规等各方面的内容和信息,记录了企业发展的成功经验与企业破产的教训,特别是有关企业专利、专有技术、名牌产品、商标、基建工程、设备仪器、科学研究等档案,更是企业产权转移后新生企业生存与发展的必备条件,具有重要的参考利用价值和社会史料价值,是国有资产的重要组成部分,也是国家的宝贵财富。其所有权与管理权归国家所有。

四、改制企业档案资源统一管理的必要性与可行性

改制企业档案资源集中统一管理非常有必要。首先,集中统一管理是档案工作的基本原则。便于统一领导、统一规划、统一管理,更有利于档案工作水平的提升。只有国家档案馆才可能并且有条件、有能力把改制企业

档案管好、用好,切实保护好人民群众的根本利益。其次,可有效解决改制企业档案无人管或只管不用的弊端,减少人员的重复使用,节省人力资源,做到专职专责。再次,可解决改制企业档案资源整合问题,便于保管和利用。实践表明,利用改制企业档案解决一个问题,不仅仅是查阅单独某一卷或数卷档案就可以解决问题,往往是查阅与该问题有关的一系列档案,通过档案互相印证,使问题得以解决。最后,改制企业档案统一管理,可以解决机构或馆库面积不足等问题。建立改制企业档案保管中心,就是要对这部分档案进行集中统一管理,充分发挥改制企业档案的作用。有条件的档案馆可将保管中心设在各级国家档案馆,条件不具备的档案馆,可以额外增加保管场所,专门保管改制企业档案。机构编制部门根据档案量合理进行核定人员、编制。辽宁省档案保管费用按照省委省政府《关于加强档案工作的意见》(辽委办发〔2009〕32号),每卷每年2到3元由同级财政拨付。大连市档案局(馆)据此申请建立专门的档案馆库——大连市破产与产权变动企业档案馆,现已建成准备投入使用。

五、改制企业档案资源处置的具体办法

1. 积极探索,创新改制企业档案管理模式

各级综合档案馆库房容量制约接收改制企业档案进馆工作。1992年以来,全国不少省市档案局建立了档案服务公司或寄存中心,将市场机制引入档案工作,为企业提供档案专业服务,并且得到较快的发展。通过"企业档案托管中心"来解决改制企业档案的处置问题,是市场经济条件下"企业档案资源"有效配置的一种选择。因改制企业情况的多样性和企业改制后产权变化形式的复杂性,在实际工作中,可在"企业档案托管中心"对改制企业档案进行整理鉴定后,再由档案馆根据实际情况对档案有选择地加以接收。对规模大的企业,除作为资产转移或依附性较强的档案随产权变化而移交外,其余档案应全部接收;对于那些企业规模小、人员少、生产技术落后,所形成的档案无代表性,也无任何特色的,应根据实际情况妥善处理;对于具有进馆价值的改制企业档案,认真组织协调接收。

2. 改善服务手段，强化档案利用工作

受经费、库容、保管条件的限制，难以保证所有改制企业档案接收进国家综合档案馆，针对这一问题，各级档案部门应尝试推行改制企业档案集约化保管、个性化开发、一体化服务的科学管理新模式。一方面以人为本，改善服务条件和手段，积极开展馆藏改制企业档案的开发利用工作。在档案信息化建设过程中，对改制企业档案进行优先整理、优先数字化，建立改制企业档案专题数据库，更加有效地服务群众，在服务民生中体现档案和档案工作的价值，推动档案事业发展。另一方面探索整合改制企业档案资源，成立专门的服务机构，设立专项经费投入，配备专业人员，变分散、不规范的保管或无人保管为集中规范保管。探索将档案作为无形资产有偿转让，让改制企业档案资源合理流动。

3. 档案行政管理部门应深入改制企业，有针对性的做好档案业务指导与监督

部分改制企业档案管理水平有限，领导对档案的重视程度不够，对档案工作经费投入较少，档案员没有参加档案业务知识正规培训，档案管理制度不健全，保管硬件设施陈旧，无防火、防盗、防潮、防尘等安全措施，档案丢失和破损现象严重。

档案行政管理部门应认真履行职责，提前介入，经常与改制企业联系，引导改制企业制订档案工作计划，进行科学分类，规范整理，定期对其进行指导检查；加大档案执法力度，对保管不力、影响档案安全的要依法进行处罚，确保改制企业档案不受损失。

总之，改制企业档案处置工作是一项政策性、业务性很强的工作，各级领导和主管部门及企业都应提高认识，加强对改制企业档案处置工作的领导，增强法律意识和历史责任感。只有通过主管部门、档案部门、企业等多方面的共同努力，才能完成好改制企业档案的处置工作，确保改制企业档案的完整与安全，防止国有、集体资产的流失、保护广大人民群众的根本利益，维护社会的和谐稳定。

第二章　浙江省改制企业档案资源管理工作调研报告

许春芝

根据国家档案局"企业档案工作和改制企业档案资源管理"课题的要求,我局对浙江省历年来改制企业档案工作开展情况进行了调研。调研的对象是本省部分市县档案局(馆)及其同级工商行政管理部门、人民法院,部分改制后的企业。调研形式为单位走访、发放调查问卷、电话联系,同时查阅了大量有关改制企业的相关材料。现形成以下报告。

第一节　浙江省改制企业档案工作开展的基本情况

自20世纪90年代以来,为适应企业档案工作的发展,完善企业档案工作上层建筑,浙江省档案局会同有关部门制定了一系列规范性文件。如1997年与省计经委、国有资产管理局联合制定《国有企业转制中企业档案管理暂行办法》;1998年,在转发国家档案局《国有企业资产与产权变动档案处置暂行办法》基础上,又将其主要内容列入《浙江省实施〈档案法〉办法》中;2001年与省经贸委出台并经省两办转发了《关于加强全省国有转制企业档案管理工作的意见》;2004年,省档案局和省工商联印发了《关于进一步加强全省民营企业档案工作的通知》。这一系列规范性文件为建立我省改制企业档案工作机制奠定了基础。

各市县也结合实际,创造性地采取了一系列有效的措施,使改制企业档案工作融入企业改制工作的整体进程,保障档案处置工作能落到实处。如嘉兴市档案局与市体改委、市中级人民法院、国资局联合发出《嘉兴市国有破产企业档案处置暂行规定》,明确了档案行政管理部门参与破产清算组等18条规定。绍兴市档案局实施了停产歇业企业档案的登记制度,第一时间掌握国有企业停产歇业的情况,从而建立了对档案处置工作实施监管的快速机制。杭州市档案局制发了《关于加强改制与破产企业档案工作的意见》,提出了将档案处置工作纳入企业破产程序,建立档案处置事宜登记制度等5条要求,还派员参加市政府每月两次的改制企业情况通报会,及时了解国企改制的进展情况,实行跟踪指导。

各级档案行政管理部门还主动与有关部门协调配合,加强合作,及时地对改制企业档案工作进行监督指导。如湖州市档案局加大对企业改制中档案管理有关法规、政策的宣传力度,一方面组织业务骨干上门宣传指导,另一方面将《国有企业改制中档案管理暂行办法》等规定编印成小册子,分发给有关企业和主管部门。绍兴市档案局召开改制企业档案工作座谈会,组织有关档案人员进行专题培训,增强做好改制企业档案管理的自觉性。乐清市档案局对市二轻、供销系统改制企业档案开展执法检查,对其管理机制、保管条件等提出整改建议,对存在严重安全隐患的市二轻工业总公司,还当场下达了《责令改正通知书》,限期半年内进行整改。

第二节 本次调查的基本数据情况

一、我省各类企业的数量及注销情况

2013年年底,全省共登记注册内资企业993041个,比2012年年底增加152095个,其中国有企业76252个,非国有企业916789个。2013年年底,全省共有规模以上工业企业39561个,其中国有和国有控股企业706个,非国有企业38855个,全年规模以上工业企业实现利润3386亿元,比上年增长15.2%。其中,国有及国有控股企业561亿元,增长28.5%;股份制企业413亿元,增长18.3%;外商及港澳台投资企业974亿元,增长17.6%;私营企业1201亿元,增长12.7%。

2010—2014年浙江省部分地区注销企业的数量情况和进入法院破产清算程序企业的数量情况如下表:

2010—2014浙江省部分地区注销及进入破产清算程序企业统计表

地区	注销数		清算数	
	国有	非国有	国有	非国有
省级	22	335	0	0
杭州市	545	203080	1	39
温州市	87	23969	0	283
乐清市	0	6922	2	64
湖州市	35	930	14	18
长兴县	8	1510		7
平湖市	2	1579	0	9
金华市	9	27330	0	0
衢州市	14	1447	0	28
台州市	5	1152	24	15
玉环县	2	1803	0	10

从上表中可以看出，注销和进入破产清算程序的企业以非国有企业为主。非国有经济是浙江经济的一大特点，在推动浙江经济发展、增加就业、维护社会稳定方面发挥着极其重要的作用。但是随着国内外经济环境的日趋复杂和不确定性，越来越多的浙江国有企业面临着生存挑战和瓶颈，据杭州市工商行政管理局提供的统计数据，该市民营企业的平均寿命约为2.5年。

二、国家综合档案馆接收改制企业档案的情况

浙江省国家综合档案馆接收改制企业档案统计表

档案馆名称	档案馆类型	接收单位数量	其中国有	其中非国有	文书档案（卷）	科技档案（卷）	会计档案（卷）	人事档案（卷）	特种载体档案（件）	其他档案
浙江省档案馆	省级	13	13		92507		少量			
杭州市档案馆	市级	140	140		98417	6848	329406	7384	1502	

续表

档案馆名称	档案馆类型	接收单位数量	其中国有	其中非国有	文书档案(卷)	科技档案(卷)	会计档案(卷)	人事档案(卷)	特种载体档案(件)	其他档案
萧山区档案馆	县级	227	227		23257		32697			
温州市档案馆	市级	35	35		3931	282	33759	0	217	342
乐清市档案馆	县级	22	22		484	2	3361	97		
湖州市档案馆	市级	34	34		9351	33	4754	0	169	
嘉兴市档案馆	市级	5	5		3921	857	21950	0	0	915
平湖市档案馆	县级	14	5	9	4327					
金华市档案馆	市级	49	48	1	12194	101	79465	0	112	2555
衢州市档案馆	市级	90	90		12799	631	116717	662	1	
台州市档案馆	市级	22	22		4268	0	6121	0	216	118
玉环县档案馆	县级	19	19		967	296	8751	387	9	0
丽水市档案馆	市级	33	33		3397	241	56722			
莲都区档案馆	县级	5	5				11966			

由上表可知,一是各级国家综合档案馆目前主要接收国有改制企业的档案,对非国有改制企业档案的接收几乎没有涉及。二是接收的档案以文书档案和会计档案两种门类为主,科技档案和人事档案及特种载体档案数量较少。三是接收时间主要集中在 1995 年至 2006 年间,特别是 2010 年以后接收数量较少。

三、改制企业档案的归属和流向

根据调查的情况来看,改制企业档案的主要去向为:

1. 由各级综合档案馆接收进馆

由国家综合档案馆接收进馆是我省国有企业改制档案处置的基本方法。改制企业档案接收进馆不仅可以丰富馆藏,改善馆藏结构;同时对维护国家、企业和职工的合法权益,保存企业发展历史起到较强的保障作用。接收一般有两种情况:一种是改制企业全部档案移交进馆;另一种是改制企业部分厂房、设备档案随固定资产的处置而转移,其文书档案、会计档案和部分科技档案被档案馆接收。

2. 向各级综合档案馆寄存

寄存是我省国有企业改制档案处置的辅助方法,主要针对一些既不符合进馆条件,又没有相应的主管部门(或主管部门也撤销了)的国有企业,寄存档案需要缴纳一定的寄存费用,但各级综合档案馆是全额拨款的事业单位,该费用须上交同级财政,无法实际用于寄存条件的改善。

3. 由企业上级主管部门保存

在综合档案馆无法全部消化接收企业改制档案,或者一些国有改制企业的档案不符合进馆条件的情况下,由原主管部门档案室保管有关国有企业改制档案,此为国有企业改制档案处置的一条过渡性措施。

4. 由破产企业留守部门自行保管

由于某些特殊原因,企业破产倒闭后,固定资产没有抵债拍卖,还在寻求资产重组机会,所以企业的档案没有向档案馆或上级主管部门移交,而是由留守处管理,并开展查账和资产清算等方面的利用。

5. 由接管企业保存

针对国有企业改制后仍然是国有资本控股(包括绝对控股和相对控股)的情况,我省规定改制前后的档案分立全宗,部分档案由改制后接手的企业(国有企业或者非国有企业)管理。还有一些企业在改制后生产经营活动没有改变的或只是更改企业名称的,其档案仍由原企业档案部门管理,仍然开展正常的档案管理工作。

6. 由破产清算组指定的管理人保存

该管理人主要是会计事务所、律师事务所等,在法院组织处理完改制企业债权和债务问题后,企业会计档案及其他档案暂时由管理人接管。

7. 不少改制企业无档案留存或去向不明,可能已丢失或损毁

金华市档案局对 168 家改制企业档案去向的调查表

改制后档案去向	企业个数
已移交综合档案馆	35
已移交接管企业	49
由主管部门保存	18
由清算组保存	2
由市国资委保存	1
保存在街道办事处	1
无档案留存	10
去向不明	3
破产歇业后联系不到	49

四、改制企业档案利用情况

从各单位调研情况的来看,进馆的改制企业档案的查阅量逐年增长,也有呈现集中式增长的情况,在2011年浙江省委、省政府"精简退职"等三项惠民政策落实中,全省各级档案部门共提供档案利用服务近40万余人次,调阅案卷120万余卷,为22.9万人提供了档案证明,发挥了重要的民生保障作用,这些档案主要是改制企业档案。

浙江省部分市县档案馆馆藏改制企业档案利用情况表

档案馆名称	档案馆类型	接收单位数量	档案总数(卷)	已数字化量(卷)	已数字化页数	利用卷次	利用人次
杭州市档案馆	市级	140	443557	4075	551841	61365	36993
萧山区档案馆	县级	227	55954	55448	250000	24525	3384
温州市档案馆	市级	35	38531			7944	1908
乐清市档案馆	县级	22	3944	0	0	1336	453
湖州市档案馆	市级	34	14307	1452		5218	1269
长兴县档案馆	县级	5	0	73	4274	8	5

续表

档案馆名称	档案馆类型	接收单位数量	档案总数（卷）	已数字化量（卷）	已数字化页数	利用卷次	利用人次
嘉兴市档案馆	市级	5	27643	4084		2184	593
金华市档案馆	市级	49	94427			685	52
衢州市档案馆	市级	90	130810			19101	6250
台州市档案馆	市级	22	10723	4768	374973	4316	339
玉环县档案馆	县级	19	10410			5800	3005
丽水市档案馆	市级	33	60560			19345	1958
总　　计		646	890866	69900	1181088	151827	56209

从上表也可以看出目前各级综合档案馆的改制企业档案数字化率较低,少数档案馆也只对文书档案进行了数字化处理,有的也还未建立条目数据库,查档方法还只能依靠手工逐卷逐页查,特别是面对大量的企业会计档案(主要是工资单),在查找利用上须耗费大量精力。

第三节　改制企业档案工作存在的问题

一、对改制企业档案工作的重视程度不够

在企业改制的实施过程中,实施改制的组织者、企业主管部门及企业本身,重点关注的是资产清算、处置问题和职工的安置问题,档案归属问题却无人过问,以致档案处置工作未按照国家的要求列入企业破产清算内容之中,档案处置经费得不到保障,档案保管条件恶劣,档案安全得不到有效的保障,甚至出现企业档案被作为废纸卖掉或被盗卖等严重问题,许多档案在企业破产过程中流失。另外一个层面上,在少数各级档案行政管理部门人员的观念里,改制企业档案工作是较为边缘化的工作,也是特别容易招惹"麻烦事"的工作,在指导、接收等方面也不积极。

二、转制企业档案工作机制未建立完善

尽管改制企业档案工作的法规和相关制度在国家和省市的层面已经

出台,但从实际情况来看并没有得到很好的贯彻落实。一是法院系统在办理企业破产清算案件时,主要处理债权和债务问题,并不关心档案问题,或者根本没有将档案作为无形资产来考虑,没有明确改制企业档案的处置方法和保管接收单位。二是在企业改制过程中,相关部门多采取封闭信息的态度,档案行政管理部门也未能及时掌握本地区企业改制的详细信息,也就失去了参与改制企业资产清算工作的最佳机会,无法及时有效地指导和监督。

三、档案馆的接收利用工作还存在着一定制约因素

一是场地的限制,虽然各地近年来都在新建综合档案馆,但破产企业档案数量非常庞大,如要全部接收进馆,档案馆还是显得力不从心。二是经费的限制。一方面综合档案馆行政经费极其有限,无法承担改制企业档案处置费用;另一方面多数企业在破产改制过程中未列档案处置经费,致使档案整理、数字化一系列工作无法进行,档案达不到进馆标准而无法接收。三是管理水平的限制,改制企业档案种类多种多样,查阅量较大,特别是像会计凭证,一些查找工龄的案例单人单次查询量就可能达到200卷,咨询、调档、复印等工作给档案馆管理工作也带来较多压力。四是开发利用限制,受人手、精力和专业性的限制,往往一些有价值的改制企业档案信息资源得不到有效及时的开发利用,无法发挥更大的效用。

四、馆外保存的改制企业档案管理不到位

部分改制企业的上级主管部门接收改制档案后,只是把档案置于普通仓库内,并未进行系统整理,除了保管环境差之外,日常管理也较为混乱,档案损毁现象严重,同时查找利用也比较困难。另外,部分由改制企业留守部门自行保管的档案,由于留守人员不足、经费紧张、管理松散等原因,这部分改制企业档案的保存状况极其堪忧,存在一定的安全隐患。

五、非国有改制企业档案的处置

从调查情况来看,绝大多数综合档案馆没有把非国有改制企业的档案

接收进馆。大量不进行破产清算程序的非国有企业,由于未与档案部门建立联系,也没有主管单位,破产后档案的去向完全由企业负责人个人意志决定;一些进入破产清算程序的非国有企业,也只是由法院将涉及清算案件的部分会计档案放入诉讼案卷内,其他文件材料的处置则无人问津。

第四节 有关对策和建议

1998年出台的《国有企业资产与产权变动档案处置暂行办法》在一定程度上规范了国有改制企业档案管理工作,但在实际工作中,由于遇到诸多不可预见的问题和困难,大量企业档案在改制过程还是出现流失现象,给国家财产造成无可挽回的损失,同时非国有企业的改制(主要是破产和兼并)已成为常态,如何更科学、规范地对其进行引导和处置,已成为当前急需解决的问题。

一、加大改制企业档案工作的宣传力度

档案行政部门要积极借助各种方式,在各类企业中广泛开展《档案法》的宣传和依法治档的法制教育,充分认识档案和档案工作在社会经济发展中的重要作用,进一步提升企业领导乃至全体工作人员的档案意识,认真贯彻落实《国有企业资产与产权变动档案处置暂行办法》和本地区有关改制企业档案工作的法规规章,真正把改制企业档案作为国有资产的重要组成部分来抓,为转制企业档案工作的顺利开展创造良好的外部环境。

二、加强规章制度建设和档案督查力度

应加强改制企业档案规章制度建设,将档案的处置纳入企业资产清算的内容和法定程序,明确档案未妥善处置的,企业不得改制、终止和破产清算;各级档案行政管理部门应加强对改制企业信息的收集,与相关部门保持信息畅通,掌握和了解本行政区域改制企业的状况,跟进改制企业清算工作,及时指导企业处置档案的流程和方法,监督档案处置手续是否健全,流向是否合理,归属是否合法安全,并协助解决改制企业档案工作存在的

问题和困难。同时,还要加大改制过程中档案违法案件的查处,对于违反规定,擅自处理档案或造成档案损毁、流失的企业及相关责任人,一定要依法严厉处罚,确保档案安全。

三、与企业主管部门、法院及破产管理人等建立协作关系

在企业改制过程中,企业主管部门、法院及破产管理人扮演着重要角色,档案行政管理部门应与这些部门机构建立长期的协作关系,并明确相关的职责。一是要确保档案处置经费纳入破产清算预算中,使档案的整理、数字化及保管等工作能够落到实处。二是明确处置、接收、寄存的一系列流程,使破产企业档案处置合理、流向安全、手续齐全。如我省平湖市档案局与当地一家律师事务所建立了良好的合作机制,自2009年起,每个破产清算案件结束后,由档案中介服务机构进行对改制企业档案整理,并以2元/卷/年的价格落实寄存费用,由平湖市档案馆保管。

四、加强改制企业档案的鉴定工作

实际工作中,数量庞大的改制企业档案给档案馆以及其他接管单位带来了非常大的压力,所以必须要结合实际重新审视改制企业档案的保管价值。鉴定的重点应落在涉及企业人事,劳资和反映主要职能的文件材料上,对于群团工作及一般事务性工作所形成的文件不再保留。针对会计档案,一般如通过清算组清算、审计部门审计,无债权债务纠纷,无遗留问题的均可以销毁,但对于职工相关的如凭证中的工资发放表等,还是要专门捡出,组合成卷移交保存;对于有遗留问题的改制企业,会计档案的鉴定和销毁则遵循财政部、国家档案局《会计档案管理办法》的要求,按照保管期限进行。档案行政管理部门应尽快出台有关改制企业档案鉴定、整理的法规性指导文件,以利于该项工作的开展,更好地服务于企业改制工作。

五、探索建立改制企业档案托管中心

建立"企业档案托管中心"来解决改制企业档案的处置问题,这种方式已在我国其他省份付诸实施,并取得了良好的社会效益和经济效益,成

了市场经济条件下企业档案资源配置的一种经济、科学的手段。应由档案行政管理部门牵头,协调各相关部门,成立专门的改制企业档案管理机构,集中统一保管和提供利用各类改制企业档案,并在此基础上开展档案寄存、档案咨询、档案数字化、档案修复与保护等一系列档案服务,从而进一步拓展档案部门的社会服务功能。

第三章 广东省公有改制企业档案工作现状、问题及对策

杨 敏

1998年国家档案局、国家经济体制改革委员会、国家经济贸易委员会、国家国有资产管理局印发《国有企业资产与产权变动档案处置暂行办法》以来,广东省转发暂行办法并组织开展改制企业档案工作。2007年广东省档案局联合广东省国资委、广东省财政厅印发《广东省国有企业资产与产权变动档案处置工作规程》(粤档发〔2007〕6号),进一步部署全省改制企业档案工作,各地级以上市按照要求加强领导,积极实施,取得了一定的成绩。其中广州、佛山、中山、清远等地效果比较明显。现就广东省公有改制企业档案工作的现状、问题及对策汇报如下。

一、广东省公有改制企业档案保管现状

(一)省属改制企业档案移交省档案馆状况

截至2015年,广东省档案馆共接收30余家省属破产或重组企业的档案进馆。2000年广东省政府对粤海集团进行重组,在原粤海集团、南粤集团和广东省东深供水局基础上重新组建省属国有资产授权经营公司。改制前原粤海集团、南粤集团的文书档案均已向省档案馆移交,共计2万余件。此外,大部分改制企业的档案由原单位或主管单位保管。

(二)广州、佛山、中山、清远等地国有改制企业档案工作情况

佛山市国有改制企业档案处置工作,分别由市属公盈公司、中力公司和佛陶集团组织开展。佛山市公盈公司下属改制企业约200家。市中力公司负责的退出市场劣势企业有800多家。佛山市约有75万卷(件)国有

改制企业档案,需按计划进行进一步的妥善管理。

清远市档案局委托市档案学会承接了涉及广大改制企业职工个人利益的改制企业的档案整理工作,经过两年时间的艰苦工作,完成了市直160多家改制企业约18万卷档案的抢救整理工作。

广州市国有改制企业档案工作以广百集团的做法比较典型。广百集团在企业改革重组中,及时印发了《关于做好改革、重组中档案管理工作的通知》,对做好企业改革、重组中档案工作提出具体的要求。强调实施改制企业要落实完备的接管印章和财务、物业、人事、文书等档案的交接手续。同时明确规定,下属关停改制企业的所有有效证件全部集中统一保管。2003年,广百集团对关停企业组织架构进行了调整,将原多个关停企业留守组合并成立广百集团关停企业总留守组(2007年更名为"广百集团关停企业管理中心"),集团腾出2000多平方米,其中600平方米作为办公场地,1400多平方米作为档案库房,为下属改制企业档案管理提供必要的保管场所,并将过期无效的档案资料按照保密有关规定进行登记销毁。

中山市改制公有企业有900多家,大部分企业档案由市属资产营运公司市公用事业集团公司和兴中集团公司来进行管理。

二、全省公有改制企业档案类型、组成和流向

广东省退出市场的改制企业档案类型主要有:党群、行政管理、生产技术、经营管理、产品、科研、基建、设备仪器、会计、员工、特殊载体等档案。接收进国家档案馆的以党群工作、行政管理类档案为主。

广东省公有改制企业档案由两大部分组成:一是企业改制过程中形成的档案,包括企业改制的请示、财务决算报告、有关合同协议、企业章程,省府办、省国资委、省体改委等单位的批文等,根据《广东省执行〈国有企业资产与产权变动档案处置暂行办法〉实施细则》归档要求,此类档案现多数集中存放于清算机构、负责清算的会计师事务。二是企业改制前形成的档案,包括企业管理档案、产品档案、实物档案、照片档案、职工档案、会

计档案等。这部分档案数量大,情况较复杂,是公有改制企业档案的主要部分。

改制前形成的档案有如下几种流向:

(1)改制后无留守人员的企业的档案,除当地档案馆接收进馆外,其余基本上由集团公司统一集中保管,或成立资产营运公司集中存放。目前广东省档案馆和各地级以上市档案馆均有接收破产企业档案进馆;集团公司统一保管的档案除集中存放档案室外,有的集中存放于下属的企业厂房,有的集团公司或总公司则租借房屋保存。

(2)存放于原企业的"壳"中。主要是改制后仍有部分留守人员的原工业企业,在企业改制后,企业档案仍存放在原来的库房内,由企业的留守人员看管。

(3)存放于改制后的企业中。主要是整体出售的企业,档案由改制后的新企业保管、利用。

(4)改制企业职工档案实行分类托管。干部身份的移交到人才交流中心托管,工人身份的移交到劳动局下属职业介绍服务中心托管,死亡人员档案移交到市档案馆保管。

(5)当地档案馆掌握相关企业改制情况后,及时将该改制企业纳入进馆范围,但尚未移交进馆。

(6)档案情况保管不明。在国资委批复同意改制后,部分企业档案情况有待进一步调查。

三、国有改制企业档案工作相关法规

1. 广东省层面

《广东省国有企业资产与产权变动档案处置工作规程》(粤档发〔2007〕6号)中对国有企业档案资产与产权变动档案处置的基本流程、流向原则和范围做出了明确的规定,按照《规程》的要求,国有企业在申请资产和产权变动时,须同时提出档案处置事宜,并向有关档案行政管理部门提交档案处置申请表一式三份;国有资产产权主管部门在对国有资产与产权变动进行审批时,应同时提出档案处置的要求;档案行政管理部门应依法对国有资产与产权变动档案处置工作进行监督指导。在档案流向原则和范围中对档案的四种流向做出了明确规定:

(1) 与企业基建工程和设备仪器相对应的档案,随同基建工程和设备仪器所有权的归属而转移。包括基建档案、设备仪器档案等。

(2) 属以下类型的破产企业、被非国有企业兼并或收购的国有企业档案应进国家综合档案馆:资产与产权变动时为政府直属企业;曾经履行地方政府管理职能,进行过行业管理的企业;获得过"全国第一""全省第一"或具有典型地方特色或行业特色的企业;曾生产过名牌产品、技术领先产品或传统工艺产品的企业;历史悠久,新中国成立前在本地区乃至广东的工商企业发展史上有一定影响和地位的企业;本地区首家破产、关闭或改制的企业;除上述性质的企业外,各地还应考虑不同行业的企业都应当有至少一个全宗的档案保存在国家档案馆。这些企业档案进馆范围:企业涉及党群工作、行政管理两方面纸质档案及声像、实物档案必须进馆。其他方面档案是否进馆,由档案馆与企业主管部门商定;档案不进馆的其他国有企业,应编写反映本企业基本情况的"企业概况"并移交档案馆。

(3) 失去保存和利用价值的文件材料属可销毁档案。范围:未归档材料和已归档但保管期限已满经鉴定无继续保存价值的档案。

(4) 以下各类档案首先应按有关政策法规办理,没有规定的由双方商定处理:产品、科研档案(其中含专利、商标、专有技术等档案);会计档案按财政部、国家档案局《会计档案管理办法》执行;法律、行政法规有特殊规定的,依照法律、行政法规的规定处理;生产技术管理、经营管理档案由双方商定,可移交企业资产接收方,亦可移交进馆;干部职工档案按中央组织部、人事部《流动人员人事档案管理暂行规定》执行。企业下岗职工档案按有关规定执行。

2. 佛山市

2004年,佛山市政府办公室《关于加强市直国有企业在资产与产权变动中档案处置工作意见的通知》(佛府办〔2004〕221号文)下发后,佛山市档案局加强部署、调研和检查指导,市直改制企业档案处置工作取得一定成效,受到国家和省档案局的肯定;2007年,佛山市档案局与佛山市国资委针对在国有企业改制档案处置工作中出现的一些难于操作的实际问题,联合印发了《关于印发佛山市属国有企业产权变动中档案处置实施细则》(佛档〔2007〕5号),该细则加强了国有企业改制档案管理,防止国有资产和档案流失,使国有企业改制档案得到有效保护和利用。

3. 清远市

清远市档案局曾于2001年与市体改委、市经委、市国资局联合印发《关于印发〈清远市国有破产企业档案处置办法〉的通知》;2003年市委、市政府办公室印发了《关于清远市市属国有企业改制过程中档案处置的意见》(清委办〔2003〕13号)。2014年12月,国家档案局局长、中央档案馆馆长杨冬权率调研组到清远进行调研指导工作时,充分肯定清远国有改制破产企业档案抢救保护工作。

4. 中山市

2002年,市政府办公室印发了《转发市档案局、公有企业管理局关于改制公有企业档案管理情况报告的通知》(中府办〔2002〕94号)。

四、存在主要问题和困难

综合来看,广东公有改制企业档案处置工作的主要问题和困难包括以下几点。

1. 档案散失情况严重

在企业改制过程中,关系到财务、物业的档案,企业领导一般都能予以重视,但对党群行政管理,生产经营技术管理,以及反映企业历史沿革、荣誉、产品生产等方面档案的重要性认识不足,在企业改制过程中没有及时收集,或在档案搬迁过程中监管不力,造成部分档案散失。

2. 档案管理不规范

就调查的情况来看,少部分企业对集中存放档案进行了初步整理、排序。大部分改制企业的档案均没有鉴定保管期限,更无编制必要的检索工具,难于有效利用。

3. 档案保管条件差,危及档案安全

档案安全保管所要求的防盗、防潮、防高温、防虫、防尘等措施都未能按规定落实,部分改制企业特别是关停关闭的企业,档案在仓库随意堆放、灰尘满布,个别关停企业档案室因无人管理,严重危及档案的安全。而随着改制企业留守人员的逐步"撤退",这部分档案的安全问题将日益严峻。

4. 职工档案在分类托管方面存在一定困难

第一,劳动局属下职业介绍服务中心因为库房容量的限制,接收能力有限。第二,托管费用的支出存在一定困难。按规定职工档案移交市人才交流中心或市职介中心托管,每年均需由个人支付一定费用,但部分职工不愿支付,改制后的企业亦不愿支付,其安全亦难以保证。

5. 改制企业档案处置费用和人员严重不足

《国有企业资产与产权变动档案处置暂行办法》中规定,改制企业档案处置所需费用由原企业或接收单位支付,破产企业由破产费用中支付。但由于种种原因,部分企业有关资金和人员无法到位,致使档案的整理工作处于停滞状态或进展缓慢。

五、意见建议

一是要在主体工作程序和经费保障环节做出整体安排与顶层设计。地方档案行政部门与国有资产产权主管部门等部门的日常协作难以有效突破档案收集、整理等工作中所迫切需要的人力、财力保障。建议在国家层面强化有关支持力度,如由政府发文严格落实有关要求,档案行政管理部门加强对国有资产与产权变动档案处置工作的监督指导;国有资产产权主管部门在对国有资产与产权变动进行审批时,企业需提供档案情况和处置的意见。

二是要强化行业主管部门组织领导的主体责任,建立健全改制企业档案工作责任体系,明确各级工作职责和制度,落实所属改制企业档案工作的组织实施和归属流向,并将企业改制动态及档案处置意见及时报档案行政管理部门。

第四章 江苏省改制企业档案管理情况调研报告

谢 微

江苏省国有企业大规模改革改制工作始于20世纪末,按照江苏省委、省政府关于国有企业改革工作的总体要求,全省上下精心组织,攻坚克难,采取引资改制、产权划转、转让国有产权、政策性破产、依法破产等多种形式,因企制宜,稳步推进了国有企业改革改制工作,取得了明显成效。计划内的国有企业改革改制工作已完成,企业职工得到妥善安置。

改制破产企业所有制发生改变,原国企时期形成的大量档案既是国家档案财富的组成部分,也是民生档案的重要组成部分,关系到广大改制破产企业单位职工的切身利益,是社会变革时期的重要缩影,具有珍贵的历史价值。做好改制企业的档案管理工作,是一项艰巨、任重而道远的任务,对防止国有、集体资产的流失,保护广大人民群众的根本利益,维护社会的稳定,都具有十分重要的意义。

一、改制企业档案处置工作情况

近年来,江苏省一些地区的档案部门在当地党委、政府的领导下,积极与同级国资委配合,针对改制企业档案管理工作,重点采取了四点措施:

(1)积极宣贯《国有企业资产与产权变动档案处置暂行办法》,依规开展处置工作。

(2)以法规规范改制企业档案管理工作。江苏省在地方性法规《江苏省档案条例》第16条、17条、18条对国有企业发生资产与产权变动时档案的处置方法提出了明确的要求,苏州、南通等地制定了改制企业档案处置及管理制度。南通市档案局还与市中级人民法院联合制发办法,将档案整理纳入破产清算程序,给予经费保障。

(3) 开展检查调研。针对全面推进企业改革改制的状况,为规范改制企业在资产与产权变动中档案处置行为,防止国有资产和档案的流失,维护档案的安全与完整,苏州、南通、徐州、无锡、常州、连云港、镇江市等档案局对改制企业档案处置工作开展专项检查调查摸底工作,掌握了改制企业档案分布的第一手情况。

(4) 推广改制企业档案管理先进经验。改制过程中,徐州市档案局、市国资委联合转发了《徐州纺织控股(集团)有限责任公司〈关于进一步加强档案管理认真开展档案收集整理、归档立卷及移交接收工作的意见〉》,并召开全市国资系统档案工作会议,推广市纺织控股集团改制档案管理的有益经验,对规范改制企业在资产与产权变动中的档案处置行为提出了新的要求。徐州市还结合政协提案办理,提出了规范管理、加强依法监督、提出立法建议等六条具体措施。目前,上述工作正在积极进行之中。

二、改制企业档案资源的归属与流向情况

依据调研情况,我省改制企业档案的归属流向有以下三种情况。

(1) 由企业原主管部门统一存放管理。据初步统计,这部分档案有几十余万卷,门类包括文书、会计、设备、基建、产品、职工等。

(2) 由改制企业破产清算组暂时保管,或者由行业协会、资产管理公司保管。

(3) 部分改制企业档案移交或寄存同级档案馆。据不完全统计,我省省辖市一级档案馆中,保存了各类改制企业档案500余万卷。

三、改制企业档案工作中存在的问题

根据调研情况,目前江苏省改制企业档案工作存在以下问题:

(1) 重视程度不够、经费不足、人员短缺。企业破产清算工作千头万绪,矛盾复杂,清算组往往把注意力集中在产权转移、清产核资、人员分流、安置职工等方面,而作为重要历史记载的档案未得到足够的重视。从调研情况看,部分企业主管部门重视程度不够,部分破产企业档案处置没有列

入破产程序,档案处置经费难以落实到位;而企业原档案人员均下岗或另谋职业,破产企业档案由留守人员"掌管",缺少懂业务的档案人员对档案进行规范化管理。

(2)改制企业档案存在散存、丢失、遗弃、销毁、利用不便的现象。从企业规模来看,破产前生产经营正常的大中型企业,档案管理相对较好,多数立卷成册,入柜存放;长期经营不善或停产半停产的小型企业、集体企业,档案管理混乱,杂乱无章,很多企业用编织袋装袋、用筐存放,保管条件不好;还有部分企业档案被堆放在闲置的房屋内,"铁将军"把门,无专人保管,档案处于一种危险的状态,随时有遗失或被损毁的可能。从档案门类来看,会计档案相对齐全,文书、基建、设备、科研等类档案缺失较为严重,企业职工档案当中的用工手续、劳动合同书等原始材料遗漏、损坏、丢失现象也较为普遍,一定程度上影响到企业职工办理社保、退休手续。

(3)改制企业档案整理不够规范,档案管理规范化程度比较差。由于企业处于改制状态,档案人员多是兼职,调动频繁,企业档案分类混乱,整理不够规范,目录编制不全等现象较为普遍。

四、改制企业档案管理处置工作建议

做好改制企业档案管理工作任务十分艰巨,需要不断完善管理机制,把创新服务机制贯穿于改制企业档案管理之中,坚持把保护国家档案财富,防止国有、集体资产流失,保护企业职工切身利益作为改制企业档案处置工作的总体思路与根本的价值取向。

结合江苏实际情况,我们认为在具体处置改制企业档案资源时,首先要确立以下几项原则。一是坚持集中统一管理。必须遵循集中统一管理的原则,由专门的档案机构、档案库房、档案人员进行统一管理。二是要明确档案归属。依法、合理处置改制档案的归属,注意维护国家安全和国家利益,保守国家机密和企业商业秘密。三是要便于管理利用。处置过程要便于各方面对档案的利用,并有利于改制后企业保持经营管理的连续性。因此,我们有如下建议。

1. 完善制度,确立改制企业档案处置原则及程序

2011年年底,国家档案局发布第9号令《各级各类国家档案馆收集档案范围的规定》,第一次明确了国有企业发生破产改制时档案的流向问题,2005年《江苏省档案条例》对国有企业事业单位因兼并、合并、分立、整体出售、股份制改造等发生资产与产权变动时档案的处置方法做出了规定。当前,需要国家对沉淀多年的改制企业档案的最终归属流向程序做出原则规定。

2. 齐抓共管,制订处置工作方案

改制企业档案处置工作涉及面广、工作量大、时间跨度大,仅依靠某一个单位难以完成,需要各相关部门的协调与合作。档案行政管理部门要履行好宏观指导的责任,加强与组织、人保、财政和国有资产管理部门等相关单位的联系配合,主动了解改制企业档案工作情况,对档案的种类、数量、归属、流向等进行调查,彻底厘清情况。并依据国家有关改制企业档案归属流向的原则规定,对整个地区历史积累下来的改制企业档案处置做出顶层设计和一揽子解决方案。

3. 规范整理,提高改制企业档案规范化管理水平

根据江苏省各地区改制企业档案工作的实际情况,加强对改制企业档案人员的业务指导培训。联合市国资、财政、人社等主管部门,重点对原轻工、机电建材、化工、建筑等各资产经营公司所属改制企业档案进行全面摸底,并逐步完成存量改制企业档案的清理、鉴定和规范化整理工作,为集中统一管理打好基础。

4. 推广经验,建立改制企业档案管理机构

积极向党委政府汇报争取,学习借鉴先进经验,成立本地区改制企业档案管理中心,隶属于同级国家综合档案馆,负责本地区改制企业档案的日常管理工作,真正为改制企业档案撑起安全伞。

第五章　佛山市企业档案工作和改制企业档案资源管理工作调研报告

余英杰

一、改制企业档案资源管理情况

（一）企业改制概况及数量

据不完全统计，佛山市全市改制企业约 3700 多家，其中，市直企业 330 多家，市直退出市场的劣势企业 600 多家，涉及各类档案约 120 万卷（件）；禅城区有改制企业 377 家，其中国有企业 132 家，集体所有企业 173 家，其他所有制企业（含合资）72 家，涉及各类档案约 6820 卷；南海区有改制企业 472 家，涉及各类档案约 48 万卷；顺德区有改制企业 896 家，其中工业企业 311 家，商贸企业 485 家，建筑企业 27 家，农业企业 65 家，其他类型的企业 8 家，所涉及的档案数量暂无法统计；高明区有改制企业 400 多家，所涉及的档案数量暂无法统计；三水区有改制企业 562 家，涉及各类档案约 28 万卷。我市企业改制形式包括转制、合资、合并、退市等，而这些改制企业分属制造、商贸、建设、交通等行业，所涉及的档案类型主要有党群、行政管理、生产技术、经营管理、产品、科研、基建、设备仪器、会计、员工、特殊载体档案等。目前全市改制退市企业国有档案超过 170 万卷（件）。

（二）规模以上企业情况

市直规模以上改制企业主要有佛山市燃气集团有限公司、佛山水业集团有限公司、广东佛陶集团股份有限公司。

佛山市燃气集团有限公司（简称佛燃股份）的前身是成立于 1992 年 11 月的佛山市燃气管理公司，1999 年 6 月由事业单位转制为全民所有制企业，更名为佛山市燃气总公司，2004 年引入战略投资者，变身为中外合资企业,更名为佛山市燃气集团有限公司,2008年6月变更为佛山市燃气集团股份有限公司,2009年10月完成集团整合,公司拥有分公司1家、全资或控股企业10家。佛燃股份是一家由国有转型为中外合资的改制企业,公司属下的11家二级企业均属国有控股公司,企业改制后的档案资料均由改制后的中外合资企业所有。据不完全统计,佛燃股份包括其属下各二级企业已形成的档案数量约为267090件/卷。

佛山水业集团有限公司(简称佛山水业)的前身是成立于1964年的佛山市自来水厂,1977年6月更名为佛山市自来水公司,1994年更名为佛山市供水总公司,1999年佛山水业改由市国资部门管理,2005年12月更名为佛山水业集团公司,2007年,为了建立现代企业制度,公司转制为国有独资的有限公司。佛山水业现有10个职能部门和8个全资或控股的子公司、分公司,1个排水事业部。公司改制后,档案资料均由改制后的国有独资或控股企业所有。

广东佛陶集团股份有限公司(简称佛陶集团)根据佛山市政府关于国有资产逐步退出生产经营等有关企业改革转制文件要求,其下属的134家企业逐步进行了体制改革和国有员工身份置换,劣势企业以破产、注销等形式退出。佛陶集团转制后的企业档案通过逐步合并,按照市档案局的要求,部分移交市档案局,大部分企业档案归集于佛陶集团档案馆集中管理,改制企业的员工人事档案,属于干部身份的,其人事档案大部分移交给佛山市(区)人才交流中心保管,另有一小部分由佛陶人事部门保管,非干部身份的员工人事档案的处置分为以下几种形式:① 员工与改制后的企业建立劳动关系,2014年前签订劳动合同的,其人事档案由改制后的企业保管,2014年后签订劳动合同的,其人事档案由区劳动部门统一保管;② 员工转移到其他企业,2014年前转移的,其人事档案由相应的企业保管,2014年后转移的,其人事档案由区劳动部门统一保管;③ 未重新就业的原员工人事档案,由人力资源和社会保障局或佛陶集团人事部门保管。另外,佛陶集团大部分退休人员的关系已转由社区管理,但其人事档案仍由集团公司保管。

（三）改制企业档案管理制度制订情况

2004年，佛山市档案局制定了《关于加强市直国有企业在资产与产权变动中档案处置工作的意见》（佛府办〔2004〕221号），通过市政府批转在市属有关单位实施，有效地促进了改制企业档案处置工作向纵深发展。

2006年，佛山市档案局制定《佛山市直国有转制、退市企业文件材料整理归档工作指引》，为我市国有转制、退市企业档案整理归档工作提供明确的方法指引，有助于解决历史遗留问题、这些档案的完整与安全。

2006年7月，高明区档案局与区公资办联合印发了《佛山市高明区国有转制、退市企业文件材料归档工作指引》。明确提出国有转制、退市企业档案分类方法、归档范围和各门类档案整理的基本要求，为规范和妥善处置该区国有企业档案提供了操作依据。

2007年，佛山市档案局与佛山市国资委联合发文《关于印发佛山市属国有企业产权变动中档案处置实施细则》（佛档〔2007〕5号），该细则主要是强化了改制企业档案管理的重要性和必要性，同时明确了对改制企业档案管理的责任和义务。

（四）改制企业档案资源的归属与流向情况

根据市委市政府的工作安排，佛山市直国有改制企业档案处置工作由市国资委委托其下属的市公盈投资控股有限公司（简称市公盈公司）、佛山市中力经营管理有限公司（简称市中力公司）和佛陶集团负责。为更好地实施处置改制企业档案，市档案局与市公盈公司多次到市直有关企业开展调研活动，着重了解企业档案工作现状，特别是国有转制、合资合作、退市企业档案的归属与流向。市直改制企业档案处置主要采取移交、委托代管和集中整理保管等三种形式，除此之外，还有部分企业的档案没有进行上述处置。市公盈公司下属转制企业约200家，未签订档案代管协议的占一半以上，其中，有7家企业的档案保管存在明显安全风险。市中力公司负责的退出市场劣势企业有800多家，其中档案接收进公司档案中心的有632家50万卷（册），占已退市企业的79%，占公司所属全部企业的66%。档案未接收的企业为160多家，并且都没有签订档案代管协议，档案保管情况不明。

区级改制企业主要由各区公有资产管理办公室（简称区公资办）、资产经营公司及其下属企业负责管理。在档案归属与流向方面，部分区直国有企业党群、行政管理档案移交给企业上级主管部门或移交给区档案馆；生产技术管理、经营管理档案由双方商定，可移交给接收方，亦可随党群、行政管理档案移交给企业主管部门或区档案馆；基建档案、设备仪器档案随其实体归属；产品、科技档案按有关政策法规办理，没有规定的由双方商定处理；会计档案按财政部、国家档案局《会计档案管理办法》执行，大部分由企业留守人员或其上级主管公司保管；干部职工档案随人流动或按中组部、人事部《流动人员人事档案管理暂行规定》执行，大部分在企业改制时已由当地镇街的社保部门接管。

（五）改制企业档案利用情况

改制企业档案的利用集中在两类：一是人事档案，主要由企业原职工或家属因办理退休、财产公证、社会关系证明以及办二胎准生证等需要。大部分申请查阅个人档案的均能及时找到个人档案资料，但也有个别人员无法查找到本人档案。二是会计档案，主要由企业或主管部门利用，用于办理企业彻底退出的有关手续或应对相关诉讼案件，也有部分企业原职工在办理退休时需要会计档案提供工作时期的相关补助证明以提高退休待遇。

（六）改制企业档案工作中存在的问题

目前，我市部分国有改制企业档案处置不利的原因较多，主要有以下几个方面：一是历史遗留因素。在20世纪大规模国有企业相继改制过程中，非资产或经营性档案的处置比较滞后，造成企业遗留档案少人或无人管的状况。主要表现在企业改制后普遍存在裁员现象，非生产性科室被压缩，档案管理人员被裁现象较为常见，不利于企业档案工作开展；有的企业压缩办公楼，档案室空间被挤占，档案保存环境受到影响。二是软性决策所致。在统一推进国企改制工作中，对档案处置责任归属明确，但保证措施不完善，导致政策约束不利。企业改制后原有主管部门撤销，政府对企业的行为少了，档案部门对企业档案工作的指导难度增大，对档案部门提出的意见，企业不一定听取，而是更多地考虑眼前的经济利益，对短期内无法产生明显经济效益的档案工作不够重视。三是监管不到位。市直尚有100多家退市企业的档案没有被集中保管,没有签订代管协议,档案情况长期不明。四是改制企业档案意识薄弱,造成档案处置不妥当、安全隐患突出,企业内部档案管理机构不健全、没有建立档案统计台账、档案管理混乱、档案收集整理不齐全规范、档案保管条件恶劣、部分档案实体受损等问题。

目前,因为存在部分企业档案长期处于无序管理状态、部分企业对档案管理不到位、个别企业因多种原因提出不再继续代管国有档案等问题,我市约有75万卷(件)国有改制企业档案,需得到进一步的安全处置。此外,有的企业对移交档案存在顾虑,要么不想移交档案,认为放在企业更好些,要么同意移交档案,但不想花费人力物力进行规范化整理,只是希望直接按现状移交。

二、改制企业档案资源处置方案设计建议

(一)改制企业档案资源处置办法的价值取向

改制企业档案资源处置办法的价值取向为在保证档案安全、完整的前提下最大限度地发挥档案资源的价值。发挥档案的凭证参考作用,使改制企业档案继续服务经济、服务企业、服务社会,避免改制企业档案变为死档案。

(二)改制企业档案资源处置办法的基本原则

在维护档案资料的安全,保守国家机密、企业商业秘密、个人隐私、防止档案流失的前提下,根据《档案法》《国有企业资产与产权变动档案处置暂行办法》等法律法规,明确档案所有权归属后,以确保档案的安全保管及有利于企业保持经营管理的连续性为基础,区别情况,合理处置。

1. 安全性原则

在改制企业档案处置过程要保证档案的安全,防止档案散失、损毁等情况发生。

2. 合理处置原则

各类档案处置区别对待,基建档案、设备仪器档案随其实体归属;产

品、科技档案按有关政策法规办理,没有规定的由双方商定处理;党群、行政管理档案等文书档案则可移交给档案馆或改制企业主管部门。同时档案处置要根据实际情况进行调整,针对不同情况和问题,区别对待,合理处置。

3. 连续性原则

档案处置要有利于企业保持经营管理的连续性。

(三) 改制企业档案资源的性质、范围、来源、所有权与管理权

改制企业所涉及的档案类型主要有党群、行政管理、生产技术、经营管理、产品、科研、基建、设备仪器、会计、员工、特殊载体等,几乎涵盖档案的所有类型。

国有企业整体出售给国有企业的,其全部档案归属于买方。国有企业整体出售给非国有企业的,文书档案全部收归国有,科研、基建、设备仪器、会计等可协商处理。

国有企业实行承包、租赁的,其企业档案为国有档案,承包、租赁前该企业的全部档案可由发包、出租方安全保管,承包、承租方可以按有关规定查阅利用;承包、租赁期间形成的档案,由承包、承租方按国家有关规定负责收集、整理、保管,承包、租赁期满,向发包、出租方移交,承包、承租方拥有使用权。

国有企业以其全部资产改组为有限责任公司的,改组后的档案属股份制企业所有。改组前的档案由改制企业主管部门指定有关机构保管或移交进档案馆。

国有企业以部分资产作为股份进行合资、合作的,与产权相关的档案属合资、合作的企业所有。未进入股份制企业的部分,其档案归原企业所有。

国有企业与外商合资、合作,由中方控股、中方管理的,与产权相关的档案归合资、合作的企业所有,其他档案归原企业所有;非中方控股的企业,其档案由中方保存,根据外方需要,可以提供复制件。国有企业的分厂、部门与外商合资、合作的,合资、合作前的档案属原企业。

国有破产企业的各类档案,待企业破产清算完毕后,移交档案馆或由

改制企业管理部门保存。

（四）改制企业档案资源统一管理的必要性与可行性

改制企业档案资源统一管理很有必要，具体如下：一是有利于保存有价值的国有企业档案资料，避免因企业改制而散失，使该部分档案能发挥最大功效；二是有利于提高档案综合利用效益；三是有利于节约管理资源，提高效率。统一管理是一种更专业、更有效、更安全的管理改制企业档案资源的方法，避免因专业知识欠缺或人、财、物等投入不足导致档案资料的散失。

鉴于佛山市企业改制起步早、完成早，有些企业现已改制或易主多次，现在要进行改制企业档案资源的统一管理已十分困难；同时不是所有档案馆都能容纳数量巨大的改制企业档案资源，虽然可以建立诸如改制企业档案资源管理中心之类的机构来进行统一管理，但涉及较大的人力物力投入，需要向政府部门申请拨款支持，协调各部门做好建设工作，难度也较大。

（五）改制企业档案资源处置的具体办法

截止到目前，佛山市已采取或拟采取的改制企业档案资源处置的具体办法包括：

（1）对于国有企业之间兼并的，被兼并企业的档案原则上由兼并企业代为保管，并与授权经营公司以协议形式明确有关权利、责任和义务，变动前全宗的全套目录应报送当地国家综合档案馆。

（2）对于国有企业被私营和中外合资、合作等非国有企业兼并的，其党群、行政管理、生产技术管理、经营管理类档案按隶属关系移交资产经营公司或寄存所在当地国家综合档案馆，也可由资产经营公司指定有关企业代为保管。无资产经营公司的，由改制企业管理部门委托有关资产经营公司代为保管。

（3）对于国有企业部分资产和产权变动的，变动部分的基建、设备仪器档案由新企业或接收企业管理；变动部分的其他档案和未变动部分的档案由原企业管理。

（4）对于国有企业改制后，属于流动人员的企业管理人员和专业技人员的人事档案,根据中组部、国家人事部下发的《流动人员人事档案管理暂行规定》进行归档管理,不属流动人员的企业管理人员和专业技术人员的人事档案,由资产经营公司或授权经营企业集团保管。

(5) 成立企业档案资源管理中心和企业档案馆,对破产、退市企业的各类档案进行集中管理。

(6) 2012年市档案馆抢救性地接收了由改制后的单位代管、档案保管存在安全隐患的45个单位的档案,档案类型包括文书、科技、会计、人事档案等。2014年市档案局通过政府招标,请档案中介公司对所接收档案进行整理。

第六章 苏州市改制企业档案资源管理工作情况调研报告

卜鉴民

第一节 改制企业档案资源管理情况

自 2002 年 9 月 17 日苏州市委、市政府召开全市国企改革工作会议以来,苏州市市属国有(集体)企业和生产经营型事业单位(以下简称市属国有企业)产权制度改革工作扎实推进,经过多年间各个阶段的努力,全面完成了任务,达到了预期目标。在产权制度改革大背景下,苏州市档案行政管理部门积极探索改制企业档案资源整合与共享的新模式,建立了国内首家集中统一管理改制企业档案资源的"苏州市工商档案管理中心",创立了改制企业档案资源管理新模式"苏州模式",为全国改制企业档案资源管理提供了宝贵的经验,对我国档案事业的建设与发展,创新档案学理论有着深远的现实意义。

一、企业改制基本情况

1. 市属国有企业改革的回顾

自从党的十二届三中全会提出"经济体制改革的中心环节是搞活国有企业"之后,苏州市的国有企业进行了不断的探索,先后经历了多种形式的改革,在一定时期和一定范围内取得了一些成效。但是由于改革的深度不够,尤其是在产权制度上没有取得突破,致使存在于体制和机制上的问题没有得到解决。2002 年 9 月苏州市根据中央和省委、省政府的精神,针对市属国有企业的现状,致力于从根本上解决阻碍生产力发展的体制性障碍,果断做出了加快推进市属国有企业产权制度改革的决定,提出了"四到位一基本",即企业改革到位,国有资本调整到位,职工身份置换到位,债权债务处理到位,基本建立现代企业制度的改制标准。至2005年6月,据不完全统计,全市一般竞争性领域的985家市属国有(集体)企业和82家生产经营型事业单位,按"四到位一基本"的要求,完成了产权制度改革,这一改革标志着苏州市经济体制改革的中心环节——国企改革取得了历史性的突破。

国有(集体)企业产权制度改革顺利实施,对全市社会经济生活各层面带来了较为深刻的变化,一个适应社会主义市场经济的经济运行格局正在全市逐步形成。从整体上看,通过规范的公开转让、经营者和员工收购、吸引国内大企业进入以及"关、并、破"等多种形式,实现国有资本退出,从根本上改变了国有(集体)资本在一般竞争性领域和中小企业比重过大的状况。改制后的企业经济效益和发展后劲大幅提高。据我们对32家已改制的规模型企业(这部分企业的资产占全部改制企业的三分之二)的统计,企业改制后的2004年利税总额增长38.25%,2005年利税又增长了12.84%;2004年企业净资产增长3.65%,2005年又增长27.32%,达48.2亿元;2004年完成投资增长16.35%,2005年完成投资15.5亿元,增长27.72%;2005年营业收入达185亿元,增长21.42%,初步形成了国家、企业、职工三方共赢、互有得益的格局。

随着市属国有企业改制的基本完成和国有资本从一般竞争性领域的退出,目前,市属经营性国有资产的规模和行业分布均发生了显著的变化。为了加快研究制定全市国有经济结构布局调整和国有企业发展战略规划,充分发挥国有经济的影响力、带动力和控制力,体现苏州市民本经济发展主导作用,苏州市委、市政府决定对全市国有资产进行重组和调整,相继成立多个国有资产控股公司。2002年,市政府在原市属六个工业系统(纺织、丝绸、工艺、轻工、医药、化工、建材)和四个企业集团的基础上建立了苏州工业投资发展有限公司,授权经营管理市属工业系统的国有(集体)资产,苏州市档案行政管理部门与苏州工业投资发展有限公司合作对市属国有改制企业档案集中统一管理,发展为"工投模式",即"苏州模式"的前身。

2. 市属国有改制企业概况

自 2002 年市属国有企业产权制度改革至今,苏州市国有、集体改制企业数量达到 528 家,从数量上看,制造业企业占据了 332 家,商业企业 78 家,服务业企业 72 家,建筑安装企业 39 家,还有 7 家交通运输企业(图1)。从规模上来说,有 249 家企业的规模达到了 100~499 人,还有 37 家企业的规模达到 1000~9999 人(表1)。从改制类型上来看,主要是转制(股份制)、破产和销号,分别有 140 家、172 家、212 家,兼(合)并企业有 4 家(表2)。该数据由苏州市档案行政管理部门统计,与上文中改制办统计的"985 家市属国有(集体)企业"存在差异,是因为有部分苏州市市属国有(集体)企业根据公司在控制与被控制关系中所处地位的不同,可以划分为母公司和子公司。档案部门统计企业数量时考虑到档案管理的因素,是以母公司的数量计算的。改制办统计改制企业时,是将"母公司"和"子公司"分开计算的,如苏纶纺织品进出口公司(集团)、苏纶实业总公司、苏纶纺织厂门市经营部、苏州市南门纺织职工医院、苏州市雪纶纺织厂、苏州市神鹰布料专业批发市场物业管理中心、苏州市苏达服装有限公司、苏纶印刷厂、苏纶工贸公司、苏纶民用建筑装饰工程公司、苏州市镇海工贸公司、苏纶南海经济贸易公司、苏纶水电安装公司,档案行政管理部门是以一个全宗号接收这些公司的档案的。苏州丝绸印花厂,其子公司有苏州丝绸印花厂经营部、苏州丝绸印花厂皇后绸都、苏州丝绸印花厂物资公司。改制办在统计时是以子公司的数量统计的,而档案行政管理部门是以苏州丝绸印花厂为一个全宗接收所有档案的。

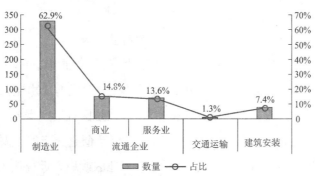

图 1 苏州市改制企业行业分布情况

表1 苏州市改制企业规模统计表

性质＼规模	20人以下	20~99人	100~499人	500~999人	1000~9999人	10000人以上	合计
国有、集体企业	69	102	249	67	37	0	524
合资企业			4				4
合计							528

表2 苏州企业改制类型统计表

类型	转制(股份制)	破产	销号	兼(合)并	合计
数量	140	172	212	4	528

二、改制企业档案概况

(一)市属国有(集体)改制企业档案概况

苏州市国有企业改制工作于2002年9月启动,对一般竞争性领域的952家市属国有(集体)企业和82家生产经营型事业单位进行产权制度改革。国有(集体)企业档案是企业资产的重要组成部分,为保证企业档案不因企业转制、撤销、关闭、破坏而遭受损失,防止国有资产的流失,苏州市档案行政管理部门在市委、市政府的正确领导下,按照《档案法》以及1998年国家档案局等四部委局颁布的《国有企业资产与产权变动档案处置暂行办法》的有关规定,及时制定了《关于进一步做好全市国有(集体)企事业单位产权制度中档案处置工作的意见》,明确有关部门对改制企业单位档案进行接收,实行集中统一管理。

1. 市属国有(集体)改制企业档案的行业分布情况

改制企业档案是指在产权制度改革大背景下,原国有(集体)企业改制前应由国家所拥有的档案资源或改制过程中形成的应由国家拥有的档案资源的总称。改制企业档案是企业资产,也是国有资产重要的有机组成部分,是国家档案资源的一个重要组成部分,是企业资产的重要依据和凭证及企业生产经营活动的真实记录,是一个地区或地方近现代工业历史发展阶段的真实写照和工业企业文化的积淀,属不可再生的重要档案资源,同时又是维护广大职工合法权益、构建和谐社会的基础性历史凭证。

据统计,全市各行业改制企业档案共约167万卷(约17万卷人事档案未计入),这批档案是苏州市改制企业生产经营活动中的真实记录,其中涉及制造业改制企业档案约127万卷,服务行业约17万卷,商业8万多卷,交通运输业和建筑安装业各7万多卷(图2)。

各行各业改制企业档案数量(卷)

	制造业	商业	服务业	交通运输	建筑安装
档案数量(卷)	1270577	84474	171626	77082	71301

图2 苏州市各行业改制企业档案数量图

2. 市属国有(集体)改制企业档案的类型分布情况

改制企业档案资源主要包括文书档案(党群工作类、行政管理类、生产技术管理类、经营管理类),科技档案(产品档案、科研档案、基建档案、设备档案),专门档案(会计档案、职工档案),特殊载体档案(照片、底片、实物、底图等)和改制过程中形成的各类档案。目前,苏州市工商档案管理中心保管的改制企业档案共有230多万卷,其中已整理完毕184万多卷,有50多家企业的50多万卷档案正在整理中。在已整理完毕的档案中会计档案数量最多,有129万多卷,其次是文书档案29万多卷,人事档案16.5万多卷,科技档案6.8万多卷,声像档案1729卷,14418卷是其他类型的改制企业档案(表3)。另外,苏州市档案馆保管了约40个全宗,共2.7万多卷已经整理完毕的改制企业档案,多数为苏州市原有国企中的重点单位、代表性单位,如苏纶纺织厂、振亚丝织厂、张小全剪刀厂、苏州市人民商场等,涉及纺织、丝绸、医药、商业、机械、交通等十余个系统,主要档案门类有文书、会计、科研、基建和实物等,其中大部分为文书档案。

表3　苏州市改制企业档案分类统计表

类别	文书档案（卷）	科技档案（卷）				会计档案（卷）	人事档案（卷）	声像档案（卷）	其他（卷）	合计
		产品	基建	设备	科研					
数量	299186	37280	5378	7127	18220	1291722	165493	1729	14418	1840553

(二) 非公有制改制企业档案概况

1. 非公有制改制企业档案管理现状

从全市整体上看非公有制企业档案工作的开展很不平衡。非公有制企业数量众多,规模大小不一,档案管理情况较为复杂,管理现状因企业而定,管理水平参差不齐,管理手段五花八门。

从档案部门在非公有制企业推进档案规范化建设实践看,目前大致有以下五种形态:

(1) 集团型大企业规范化形态。如吴江亨通集团,是全国性行业的领军企业,中国企业500强,集团拥有全资和控股公司30余家。由于公司领导重视,企业建档标准较高,企业原有各项基础管理扎实,有一支业务能力较强的专兼职档案管理队伍,已成功创建档案管理规范省三星级,目前正努力创建省五星级规范,并筹备建立企业档案馆,成为苏州非公有制企业档案建设的典范。再如常熟波司登企业档案馆,这类企业具有共同特点:一是企业有一定规模,二是企业效益比较好,三是企业的科技含量比较高,四是企业在管理上取得了相应资质,比较规范。

(2) 一批成长型优秀企业提高型形态。如康力电梯股份有限公司,康力电梯自上市以来,企业各方面发展很快,企业领导深感企业档案建设的迫切性,虽然企业原有的档案基础比较薄弱,但企业领导十分重视,厂部办公室相关人员认真负责,对档案建设工作制订计划,培训人员,落实具体措施,这一类提高型企业,档案规范化建设进程比较迅速。

(3) 一部分特殊性行业的实用型形态。由于行业的特殊性,企业对档案建设有着自身的刚性需求,由于行业管理直接推进着企业档案建设,因此,企业内在要求迫切,如工程施工单位、建材业制造企业等。兴吴钢构公司是一家集制造活动房钢构和大型电线钢杆的工程施工类中型民企,对档案建设的要求自身十分迫切,企业平时业务性档案收集、保存资料做得比较到位,档案部门指导其规范化标准化上水平,效果明显。

(4)部分由原市属企业改制为非公有制企业的档案管理基础较好的形态。原市属改制企业档案管理基本保留着原来公有制企业的管理模式。如江苏新民纺织科技股份有限公司、赴东集团等企业档案管理仍保持原国有企业档案管理的模式。

(5)大多数中小型非公有制企业,还谈不上什么档案管理。目前尚处于放任自由状态,大部分中小企业非公有制企业是家属制企业,作坊式的管理模式,没有档案管理员,没有档案管理制度,没有专门的档案室,档案资料是根据企业领导及相关人员兴趣,有的保存,有的流失,少数有点档案意识的企业,能保存有价值的资料,大部分中小企业根本没有档案管理概念,除会计资料由财务部门保管外,其他资料各人各管,尚未形成企业档案管理体系。

2. 非公有制改制企业档案管理模式

不同的企业根据自身不同的特点,对文件材料的保管采取不同的管理模式,归纳总结主要有以下三种:

(1)"自主管理模式"。有部分企业重视档案管理,明确企业内部有关部门来管理档案,有的成立档案室,招聘专职档案员进行规范管理。能自觉学习国家关于档案工作的法律法规政策,制定并落实档案工作制度,将档案工作纳入企业规范管理工作流程,纳入单位部门和人员的经济责任制或岗位责任制。有的企业能参照国家档案局8号令制定较为合理的"归档范围和保管期限表",每年能及时收集、分类和整理,完成档案归档工作。档案保管条件符合规范要求,实施"三分开",档案室的硬件和软件配备较为齐全,能较好地保管好企业档案。档案利用率较高,主要为企业的科研、成果申报、企业规划、企业管理服务,但档案的主动开发利用水平普遍较低。

(2)"委托管理模式"。公司将相关档案整理后托管到档案资料寄存中心，由寄存中心协助保管、查询利用等。档案寄存托管业务是根据公司的要求，对公司的档案资料实施委托保管和运维管理。目前，随着档案数量日益增多，有的公司因为场地有限、资源紧张等没有能力对本公司的档案进行有效的管理，但认为这些资料又不能丢失，所以，就有了档案托管寄存的需求。主要方式有：一是直接将档案寄存到第三方仓库，由第三方提供标准的库房，配备必要的硬件设施设备，并由专人负责管理和提供利用；二是直接将公司的档案库房交由第三方代理运维管理，第三方派专人进驻对企业的档案进行规范的整理、分类、装订、上架等保管利用，同时运用相关的信息管理软件对其提供档案查阅利用服务。

（3）"分散管理模式"。大多规模较小的企业实行由各个部门分别管理档案，各部门自行管理本部门的相关档案资料，每年部门向公司档案管理责任部门提供档案年度报表。按照档案传统"集中统一管理"的原则，虽然分散管理模式不符合规范要求，但由于非公有制企业的经营活动与国有企业不同，所产生的档案不同，区别对待档案的管理是现实的要求，分散管理模式的灵活管理方式应该讲是符合非公有制企业的现实需求的，所以不能完全否定这种管理模式。

3. 非公有制改制企业档案资源状况

经调查，非公有制企业档案资源状况总体普遍薄弱。虽然很多上规模的非公有制企业也有规范管理的强烈意识，在获得ISO9001质量管理体系、ISO14001环境管理体系和HSE职业健康管理体系认证或复审过程中，对企业的文件资料管理有明确的要求，所以对文件资料有一定的收集管理意识。但是，有的企业虽然注重对企业管理过程中形成的文件材料的保管和利用，档案工作负责部门有进行档案资源的收集，但普遍存在档案资源不齐全完整的现象。如企业的管理类文件相对收集的多、而业务类文件以及会计档案、实物档案等门类的档案则忽视收集。仍有很多重要文档资料留在部门及个人手上，无法及时收集。有的专业档案不接收进档案室，有专门的部门和人员对其进行管理，如会计档案、人事档案、技术档案等。许多非公有制企业在与员工签订用工合同时，也未有意识将文档管理要求写入合同中，造成员工觉得工作中形成的文件材料是自己的财富，这种情况极易造成企业档案资源的流失。

三、改制企业档案管理模式

苏州市档案行政管理部门在产权制度改革的大背景下,积极培育和创新改制企业档案资源管理新模式,探索出了"工投模式",并在此基础上逐渐完善并发展为"苏州模式",成就了企业档案管理史上的一个创举。

（一）工投模式

苏州市在产权制度改革过程中,对全市国有资产管理部门进行了合理的整合,成立了苏州市工业投资发展有限公司,对原有国有资产管理单位纺织、丝绸、工艺、轻工、化建、医药等六个行业系统及四大企业集团进行授权经营管理。

"工投模式"就是指在产权制度改革过程中,苏州工业投资发展有限公司为了管理所属工业系统各国有企业改制后应当由国家拥有的所有企业档案,而专门成立的改制企业档案资源管理中心。这是苏州市在产权制度改革过程中对改制企业档案资源进行管理的机构和管理方式。

在市档案局和市国资委的支持下,工投档案管理中心于2004年2月成立,并在原锦绣丝织厂厂址挂牌,着力解决企业改革改制过程中众多改制企业档案的处置问题。工投公司及时注入巨额资金,根据档案馆建筑要求进行改造,安装了密集架、防火报警设备等,分三期进行改造。同时工投公司领导及时配备中心领导班子,选派了10多位在各企业中担任厂级领导的同志充实到中心,并聘用了20多位原各企业的档案人员对企业档案进行整理。

产权制度改革大背景下改制企业档案资源管理"工投模式"具有以下特征：一是从档案管理体制上看,打破了原有档案行政管理部门一统天下,大包大揽的局面,充分依靠外部有利条件,管理改制企业档案资源。二是从档案的数量来看,一个地方国家综合档案馆是无能力容纳如此庞大数量的改制企业档案的。三是从改制企业档案内容来看,档案内容极其丰富,是一座难得的档案资源金矿。四是从改制企业档案资源生存方式来看,"工投模式"是苏州国有资产改革过程中改制企业档案资源管理一种较为合适的生存方式。五是从管理方式上来看,自主管理,同时接受档案行政部门的业务指导。"工投模式"最大特点在于管理方式的创新。六是从"工投模式"发展趋势来看,市委市政府为了做大做强"工投模式",对工业投资发展有限公司以外的改制企业档案如何进行整合和管理,做出了明确的决定,要求在两年内把所有改制企业档案资源纳入"工投模式"进行管理,进一步加大改制企业档案资源的整合力度,充分发挥"工投模式"的作用,这为后来的"苏州模式"奠定了很好的基础。

"工投模式"经过运作,取得了预期的成效。一是《档案法》深入人心,各级领导干部和人民群众的档案法制意识得到了充分的提高。二是改制企业档案处置工作纳入全市产权制度改革全过程,与产权制度改革的各项工作同步进行。三是档案行政管理部门的地位和作用越来越显现,充分显示出档案信息资源在社会、经济、文化、政治建设和发展中的软实力。四是进一步强化了国家资源建设。改制企业档案信息资源是国家档案信息资源的一个重要组成部分,国家档案信息资源又是国家信息资源的重要组成部分,所以说,改制企业档案信息资源也是国家信息资源的一个重要组成部分。加强了改制企业档案资源建设,也就是加强了国家信息资源建设。五是档案行政管理部门以开放式创新理念,找准和发现自身优势,借助外部力量,发挥国有资产管理部门在整合、调整、管理和运作全部国有资产过程中的作用,探索建立改制企业档案资源的管理模式,实践证明,苏州市工投档案管理中心"工投模式"的建立和运作是正确和成功的。六是在改制企业档案处置过程中,抢救了一大批珍贵的近现代工商历史档案文献,丰富了苏州地方民族工商业崛起和发展的历史。七是在全国范围内率先尝试改制企业档案实体集中统一管理,走出了一条改制企业档案资源集约化管理之路。为全国改制企业档案处置工作提供了宝贵的经验。八是"工投模式"的产生和发展,创新和丰富了我国档案学理论,特别是企业档案管理学理论,是我国企业档案管理史上的一个创举。

(二)苏州模式

"苏州模式"就是专指在产权制度改革大背景下,苏州市档案行政管理部门坚持以科学发展观为指导,以开放式创新为理念,在"工投模式"的基础上,对全市改制企业档案资源进行集中统一管理,于 2008 年建立苏州市工商档案管理中心,构建具有苏州特色的改制企业档案资源整合的大档案格局。"苏州模式"的实体形式就是苏州市工商档案管理中心。苏州市工商档案管理中心于 2012 年正式纳入国家综合档案馆体系,成为国内首家通过此体系测评的集中管理改制企业档案的国家二级档案馆。从本质上看,苏州市工商档案管理中心是国家档案馆的补充和延伸,拓宽了国家档案馆的服务范围,保障了改制企业档案价值的更大发挥。

由于"工投模式"只局限于苏州市工业投资有限公司所属原纺织、丝绸、工艺、轻工、医药、化工、建材等六个行业系统及四大企业集团范围内的改制企业档案资源的集中统一管理,因此,"工投模式"在全市产权制度改革大背景下,对改制企业档案资源处置工作和对今后建立改制企业档案资源整合与共享机制和平台,是不完善的,具有一定的局限性。因此,苏州市委市政府为了进一步加强产权制度改革大背景下,全市改制企业档案处置工作,实行改制企业档案资源专业化管理,集中整合改制企业档案资源,大力提高政府资产使用效率,促进苏州档案事业的进一步发展,构建苏州大档案格局创造条件,于 2007 年 7 月 10 日召开专门会议,共同研究全市改制企业档案资源管理下一步发展规划,进一步理顺工投档案管理中心的体制,进一步完善和发展"工投模式",根据苏州市产权制度改革的实际情况,建立具有苏州特色的改制企业档案资源管理的"苏州模式"。根据市委会议纪要的文件精神,市编办下文,在苏州市工投档案管理中心的基础上成立苏州市工商档案管理中心,集中统一管理苏州改制工商企业档案和应该集中统一管理的其他档案。

苏州市工商档案管理中心的主要职能是:负责集中统一管理全市改制企事业单位档案及应该集中统一管理的其他历史档案、资料;负责对库藏改制企事业档案进行规范整理、编目、鉴定,对价值珍贵、破损严重的档案组织开展抢救、保护、数字加工等工作;负责改制企事业单位档案信息资源开发,为社会各界和职工个人提供查档服务;负责本市工业史料和相关历史资料的研究和编撰工作,负责相关档案史料陈列,展示本市民族工业、国有企业发展历史和重要成果;对部分委托非公有制企业管理的国有改制企事业单位档案进行跟踪监督、检查。

"苏州模式"的形成,一方面是顺应时代发展。当前,处于社会转型期,任何一个工作都没有现成的模式,特别对产权制度改革过程中,改制企业档案资源的管理,是档案行政管理部门和档案工作者从来没有遇到的,只有顺应时代发展的需要,走出具有自身发展特色的创新之路,才能发展档案事业。另一方面是水到渠成。苏州市档案行政管理部门在走自己的路的同时,不断实践和摸索改制企业档案资源管理的创新模式,在精心培育"工投模式"的同时,不断总结,善于积累,寻找到了一条既符合档案学理论发展规律,又适合苏州市产权制度改革过程中改制企业档案资源的管理,独创了一种新型管理模式——"苏州模式"。

改制企业档案资源管理"苏州模式"的形成与发展是有其一定的历史条件的,可分为内因和外因两个方面。

(1) 析其内因。从近现代苏州工商业发展的历史来看,苏州历来是中国经济富庶地区,早自南宋开始,苏南以及杭嘉湖地区已成为中国的经济中心地带。到了明清两朝,中国最早的资本主义生产和经营方式在这里萌芽、发展,商品经济在苏南地区有着较悠久的历史传统,商品经济的意识得到较早的普及。清末和民国初始,中国的现代工商业也在苏南以及上海率先诞生和发展。苏州主要是纺织、轻工、食品工业的开发以及商贸、金融业的发展,传统的手工业作坊向现代工业过渡,传统的小商小贩、商店、钱庄向现代公司、商行和银行过渡,大大促进了苏州现代工商业的发展,成为中国重要的经济中心。

从近现代苏州工商业档案资源抢救和保护情况来看,苏州市档案馆的镇馆之宝——最具苏州地方特色和历史特色的档案,形成于1905年至1949年的苏州商会档案。其中晚清苏州商会档案已于2002年列入首批《中国档案文献遗产目录》。1905年,苏州商会仅次于上海、天津宣告成立。它历经清朝、北洋政府、日伪、国民党统治四个历史时期,前后持续近半个世纪,在历史上留下了绚丽多彩的一笔。当时清政府商部明文规定苏州商务总会统辖苏州、淞江、常州、镇江四府和太仓直隶州各商务分会,与上海、江宁两地商会共管江苏商务。苏州商会成立后,与全国各大商会往来密切、互通情报、商讨对策,又与南洋各埠华侨所创的中华商会乃至日本、美国实业团体有着频繁的接触。加之它处于省城地位,并得交通便捷、经济发达、商业繁荣之优势,本身组织系统严密、领导层比较稳定,又直接控制着一支拥有千余条枪支的准武装组织——商团和建立了一种遍布全市的基层街道组织——市民公社,把自己的势力渗透政治、经济、社会生活等各个领域,在地方上处于特殊地位,逐渐发展成为与京、津、沪、汉、穗、渝、宁等地商会齐名的全国八大商会之一。目前相对完整保留商会档案的仅苏州、天津两地。苏州商会档案经过近百年历史的洗礼和社会动荡的冲击,得以完整保存,它凝聚着几代人的心血。馆藏的苏州商会档案近4000卷,内容浩繁,数量惊人,它真实地记录了苏州商会近半个世纪从事政治、经济、文化、教育、社会生活诸方面的活动,见证了苏州由封建社会进入半殖民地半封建社会的历史进程。二十余年来一直受到中外专家学者的关注,也引起了档案界的高度重视。商会档案是研究近代社团与中国资产阶级发展历史的第一手资料,也是研究资产阶级性格特点的原始史料,更是研究近代苏州地区民族工商业发展的重要历史参考资料。

(2)析其外因。一是社会转型催生。2002年9月开始的大规模的产权制度改革,给档案行政管理部门打了个措手不及。一方面,政府要求改制工作速战速决,快刀斩乱麻。另一方面,改制工作千头万绪,无论是改制过程中的资产评估、财务审计、债务核销,还是职工养老保险、工龄计算、福利保障等等,都离不开档案资料。改制企业档案的管理直接影响到全市产权制度改革的进度和成效,关系到广大改制企业职工的切身利益,同时也直接影响全市档案事业的建设与发展,关系到几百万卷改制档案的完整与安全,这是一个如何对待历史、社会、企业、百姓的大事。二是全国范围内的国有企业改革工作,对档案界如何做好和应对改制企业档案资源处置工作的能力和决心是一次考验。同时,全国各地已有少数地区率先开始改制企业档案处置的试点工作,建立了具有自身特点的管理模式,如深圳、安徽等地,势必给苏州档案行政管理部门带来了压力和挑战。

"苏州模式"的建立与发展使改制企业档案信息资源整合与共享理论的雏形初步显现,建立了改制企业档案信息资源整合与共享的运行机制,催生了区域档案工作新体系和区域档案信息资源竞争力的形成。

"苏州模式"的建立与发展是体制机制的创新,开创了档案工作新天地。"苏州模式"不仅是档案学理论不断探索和发展的结晶,同时也体现了档案工作者关注社会发展进程,准确把握社会转型期档案学理论建设和发展过程中的热点和难点,对我国档案管理体制改革、产权制度改革大背景下改制企业档案资源管理模式的创新,以及国家档案资源整合和开发利用等问题。

总体而言,纳入国家综合档案管理体系的苏州工商档案管理中心补充了国家档案馆在企业档案管理上的不足,延伸了国家档案馆的服务范围,保障了改制企业档案价值的更大发挥。"苏州模式"的创立,视角独特,立足现实,既具有理论研究的意义,又具有实践探索的价值,在社会转型期的今天,对改制企业档案信息资源整合与共享问题研究中的做法和思考对于其他区域和省市开展改制企业档案资源处置和管理具有重要的参考价值。

(三)苏州市改制企业档案管理机构

目前,苏州市改制企业档案管理工作由苏州市工商档案管理中心承担。苏州市工商档案管理中心于2008年成立,是在苏州市委、市政府的亲切关怀下,顺应全市国有企事业单位产权制度改革后改制企事业档案资源管理的新形势和新要求建立起来的,是苏州市档案局所属正科级建制事业单位,经费渠道为财政全额拨款,其前身是苏州市工投档案管理中心。

档案管理中心占地面积13000平方米,建筑面积13634平方米,库房面积9000平方米,馆内配有档案密集架、空调、自动火警灭火系统等设施,库房档案容量为200万卷,配备移动式密集架3472列41275米,档案箱2830套。2015年,中心内设办公室、档案管理科、档案整理科、信息技术科、资源开发科、征集编研科和物业安保科7个职能科室,中心现有在职工作人员57人,其中53人有大学、大专以上学历,副研究馆员2名,馆员7人,助理馆员29人。中心具备一支老中青结合的工作队伍,35岁以下人员35人,35~50岁15人,51岁以上7人,拥有档案、文史、计算机等多方面人才。

中心开创了全国档案系统改制企业档案管理的"苏州模式",并于

2012年正式纳入国家综合档案馆体系,成为国内首家通过此体系测评的集中管理改制企业档案的国家二级档案馆,多次受到国家、江苏省档案局表彰,先后荣获全国五一巾帼标兵岗、江苏省巾帼文明岗和江苏省档案优秀科技成果一等奖等诸多殊荣。目前,中心正在积极建设中国丝绸品种传承与保护基地,并在此基础上筹建中国丝绸档案馆。

四、企业改制档案管理制度制定情况

为保证企业档案不因企业转制、撤销、关闭、破坏而遭受损失,防止国有资产的流失,苏州市档案局在市委、市政府领导的关心支持下,与有关部门共同努力,在制度层面保障改制企业档案管理。苏州市档案局在市委、市政府的正确领导下,按照《档案法》以及1998年国家档案局等四部委局颁布的《国有企业资产与产权变动档案处置暂行办法》的有关规定,及时制定了《苏州市国有破产企业档案处置暂行办法》和《关于进一步做好全市国有(集体)企事业单位产权制度中档案处置工作的意见》(两份文件详见附件),明确有关部门对改制企业单位档案进行接收,实行集中统一管理。

苏州市档案局2003年下发的14号文件《苏州市国有破产企业档案处置暂行办法》对国有破产企业档案的概念、破产企业档案的组织与管理、档案的归属和流向、经费以及违反处罚提出了明确的规定。47号文件《苏州市国有(集体)企业产权制度改革中档案处置暂行办法》对国有(集体)企业产权制度改革中档案处置的组织工作、档案的归属和流向、产权制度改革过程中产生的档案的管理以及违反处罚提出了明确的规定。47号文件第三章第十四条中还表明:关闭、歇业、撤销等企业应按照江苏省苏州市中级人民法院、苏州市经济体制改革办公室、苏州市经济贸易委员会和苏州市档案局档发〔2003〕14号文《关于印发〈苏州市国有破产企业档案处置暂行办法〉的通知》精神执行,将非国有破产企业档案处置也纳入其中,但文件中并未提及对非国有企业产权制度改革过程中形成的档案进行管理的问题。

五、改制企业档案资源的归属与流向情况

根据国家档案局《暂行办法》的规定,苏州市档案行政部门制定了相应的管理实施意见,明确改制企业档案的归属和流向。

(一)改制企业档案资源归属情况

表4 苏州改制企业档案归属情况统计表

类别 归属方式	文书档案(卷)			科技档案(卷)				会计档案(卷)	人事档案(卷)	电子档案(卷)	声像档案(卷)	其他(卷)	合计
	党群工作类	行政管理类	生产经营管理	产品档案	基建档案	设备档案	科研档案						
归国家所有	299186			37280	5378	7127	18220	1291722	165493	0	1729	14418	1840553
归改制后企业所有													
其他归属方式													

关于归属问题:明确规定国有(集体)企业在改制前的档案是国有(集体)企业全部活动的真实记录,是企业产权制度改革的依据和凭证,属国家(集体)所有。在维护国家(集体)利益,保守国家机密和企业商业秘密,防止档案散失,维护档案安全,有利于档案利用,切实维护企业经营管理的连续性,区别情况,依法、合理处置的原则下确定改制企业档案资源的归属。一是改制企业文书档案原则上归国家所有,为了保证改制企业生产经营管理活动的连续性,文书档案中部分生产技术管理和经营管理档案可由改制企业接收管理;二是基建档案、设备档案可随其实体,由改制企业接收管理;三是产品档案、科研档案以及涉及企业知识产权方面的档案,原则上列入国有资产一并转让,没有转让的应归国家所有;四是会计档案按照国家财政部和国家档案局制定的《会计档案管理办法》执行,原则上归国家所有;五是干部职工档案按照国家有关规定,由国家管理;六是未涉及的其他档案原则上归国家所有。苏州市184万多卷国有集体改制企业档案全部归国家所有,其中文书档案299186卷,产品档案37280卷,基建档案5378卷,设备档案7127卷,科研档案18220卷,会计档案1291722卷,人事档案

165493卷,声像档案1729卷,其他14418卷(表4)。

（二）改制企业档案资源流向情况

表5　苏州市改制企业档案流向情况统计表

类别\\归属方式	文书档案(卷)		科技档案(卷)					会计档案(卷)	人事档案(卷)	电子档案(卷)	声像档案(卷)	其他(卷)	合计
	党群工作类	行政管理类	生产管理	经营管理	产品档案	基建档案	设备档案	科研档案						
由国家档案馆接收进馆														
由改制企业接收														
由改制企业档案管理机构接收	299186				37280	5378	7127	18220	1291722	165493	0	1729	14418	1840553
其他流向														

关于流向问题:明确了产权制度改革过程中改制企业档案资源的归属问题后,应当进一步明确这些档案资源的流向。第一种流向:由国家档案馆接收进馆。按照国家有关规定,列入国家档案馆接收序列,以及档案馆中已设立全宗的单位档案,应按有关进馆要求,及时向国家档案馆移交。第二种流向:向档案管理中心移交,除档案馆接收的企业档案以外的,统一由档案管理中心接收。第三种流向:由改制企业接收管理,如部分生产技术管理、经营管理类的档案及基建档案、设备档案。第四种流向:改制后国有股仍占大头的改制企业,档案原则上仍由改制企业保管和利用。第五种流向:是特例,档案归属国家所有,但改制企业目前仍急需利用,根据改制企业的要求,改制企业出具借条,暂借若干年,但要求其确保档案的安全与完整。国家有权对这些档案进行监督和检查,并有权随时终止暂借要求。苏州市创新改制企业档案管理模式,建立了苏州市工商档案管理中心,目前,国有集体改制企业档案统一流向该档案中心,由中心集中保管与开发利用。

六、改制企业档案利用情况

十多年来,苏州市工商档案管理中心从努力抢救和保存一个城市近现代民族工业文明遗存的高度,全力抓好改制企业各类档案的搜集、整合、利用,认真部署,分步推进,成绩初显。改制企业档案利用主要包括编史修志,企业文化宣传;企业原有老职工退休连接工龄;个人资质、身份证明(如教师资格认定、独生子女证明等);企业老商标、老产品等重新认定、挖掘;企业房产、产权等证明;公证需要证明个人材料;等等。

1. 面向社会公众,打造一流的对外服务窗口

档案中心建立了企业档案和人事档案两个接待查询窗口,制定了《员工守则》,每位接待人员始终保持良好的精神面貌,热情为查档者服务,努力打造一流的对外服务窗口。数据显示,到2006年8月31日为止,档案中心已接待档案查询2100人次,调档1.7万卷次;到2014年12月31日为止,档案中心已接待档案查询25548人次,调档18.1万卷次。八年间,档案中心接待查询人次上涨了十一倍多,调档卷次上涨了近十倍。通过档案查询,为职工亲属参军入党、办理房屋遗嘱公证、核准工龄、衔接工龄、办理养老金和进医保、大龄优惠证、户口转移手续、出国证明、低保、出具独生子女证明和出生证明、办理精简下放人员进医保、认定工伤、下岗人员优惠证、补办独生子女证、特殊工种提前退休等提供了有效的原始凭证。与此同时,档案中心还为企业注销、核准资产评估、办理企业房产证、协助法院对账、企业债权债务核准等,为各行编史修志提供了真实可靠的第一手材料。

2. 整合改制企业实物类档案,形成苏州特色

在整合改制企业档案的同时,档案中心高度重视实物类档案的搜集、归类、整合、移交、征集。深入各改制企业,重点是关闭破产企业,尽最大力量搜寻抢救实物类档案。档案中心重点抓住丝绸这个有苏州地方特色的传统工业产品实物,并努力使丝绸样本实物能完整齐全。苏州在历史上一直是丝绸生产主产地。企业改革改制之前,苏州市区的丝绸产品门类齐全,既有传统丝绸,又有现代丝绸,各丝绸企业积累了数量庞大的产品和样

本。尽管苏州已建有专门的丝绸博物馆,但其展品重点反映的是苏州古代丝绸,反映苏州近现代丝绸是缺门。因此,保存好苏州现代丝绸产品实物的重任,历史性地落到了档案中心肩上,并且极为迫切。为此中心专门组织力量,抓好各丝绸改制企业各类织花和印花样本的搜寻、清理、分类、入库。对尚存在个人手中的,为防止失散,通过做工作,采取了代保管的形式,由中心统一保管。苏州市工商档案管理中心保存有最珍贵的丝绸样本档案达到30余万件,为全国之最;涵盖了纺、绉、缎、绫、纱、罗、绒、锦、绡、呢、葛、绨、绢14个大类及织造和印花的大部分品种;有晚清时期苏州织造署使用过的丝绸花本,民国时期的风景古香缎、真丝交织织锦缎、细纹云林锦等,又有列入国家级非物质文化遗产名录和人类非物质文化遗产代表作名录的宋锦及其祖本。还有一部分为国外和国内主要丝绸生产区的丝绸精品样本。中国丝绸档案馆将以市工商档案管理中心的30余万件丝绸样本为馆藏基础,扩大征集范围,成为中国丝绸样本档案的保护与传承基地。

3. 大力开发改制企业档案资源,筹办档案史料展览馆

充分利用丰富的档案资源,把档案中心建成国有改制企业档案保管基地和利用中心,通过档案史料陈列,努力把中心打造成爱国主义教育基地。档案中心已接收苏州市5万多件丝绸产品样本和实物入库。展览馆计划投资145万元,展示厅面积为1440平方米,主要展示市区民族工业档案史料、图片资料、工业实物档案、名人事迹以及工业三个文明建设成果和荣誉。档案中心展览馆将力争建成为展示苏州市民族工业档案史料的工业文博旅游基地和苏州市青少年爱国主义教育基地。另外,中国丝绸档案馆在苏州市工商档案管理中心的推动下申报成功,正在积极筹备建设中。

4. 深入挖掘改制企业档案资源,推进编研出版工作

在整合档案资源工作展开后,中心着手为档案史料的编研出版工作积累史料,归纳专题,初步形成了近五年内档案史料编研出版的规划。2008年中心划归市档案局后,专门成立编研展示部门,编研工作进度明显加快,一年中已经先后完成了两个专题史料的编撰工作。一是党和国家领导人、中外名人和苏州市区民族工业专题;二是苏州市区民族工业获国家金、银

改制企业档案管理实践与创新

质奖产品专题。编撰的第一本出版物是《记忆——党和国家领导人、中外名人与苏州市区民族工业》,该书收录了近200位党和国家历任领导人、中外各界著名人物与苏州市区民族工业有关的活动照片、题词、文稿和活动史料档案。第二本出版物是《璀璨的一页——苏州市区民族工业获国家金、银质奖产品档案史料选编》,该史料专辑反映了20世纪八九十年代市区民族工业产品的地位和水平。另通过梳理中心库藏档案,对其中属于珍贵的、有历史意义的、有代表性的档案史料进行精选,集结形成《苏州市工商档案管理中心档案史料珍品选》。同时,中心也十分注重为今后的编研出版工作积累资料。

七、改制企业档案工作中存在的问题

苏州市改制企业档案处置工作虽然总体比较有序顺利,但也存在着工作方面的一些问题,导致改制企业档案工作进展缓慢、少数企业档案流失损毁严重,带来了一定的损失。

1. 依法治档意识不到位

根据《档案法》等法律法规规定,国有企业在产权变动时,其档案必须按规定处理。但有的部门对档案工作认识不足,档案法制意识不强,重企业改制,轻档案处置,很多单位改制已结束多年,但档案处置工作还没有摆上主管部门领导的议事日程,没有列入工作计划,档案处置工作至今没有很好的依法实施。

2. 改制企业档案管理政策严重缺失

苏州市工商档案管理中心是在企业改制工作中应运而生的,目前承担着管理184万多卷改制企业档案的社会重任,承担着开发利用这些档案的责任。但是,档案中心这样的工作机构应该如何定位、运行和可持续发展,机构性质、人员编制、工作经费如何落实等具体政策,需要政府和相关部门统一协调,加以明确。

苏州市改制企业档案管理主要是在《档案法》基础上,依据《苏州市国有破产企业档案处置暂行办法》和《关于进一步做好全市国有(集体)企事业单位产权制度中档案处置工作的意见》这两份文件展开,但是"暂行办

法"和"意见"的法律效力与约束力是有限的,并不能很好地为改制企业档案工作的进行提供有效的保障。

3. 改制企业档案处置工作与企业改制不同步

在全市改制企业领导小组成立时,没有把档案部门列入其中,部署企业改制时,档案处置工作也未能同步布置,导致处置工作滞后,造成很多企业人走楼空,档案无人问津,给处置工作带来困难。有的企业档案处置未与资产与产权变动同步进行,转制或整体拍卖时,未将档案作为无形资产进行评估,以致国有档案仍留在转制后的企业中,现在接收这批档案难度很大。

4. 非公有制企业改制档案未纳入管理体系

随着市场经济体制改革的不断深化,企业改制和产权变动中档案处置问题日益突出,但是,目前档案行政管理部门主要把精力集中在处置国有集体改制企业档案,非公有制改制企业档案管理状况与改制后企业的迅速发展是不适应的,我国现有的企业档案管理模式与现代非公有制企业发展呈现出众多的不适应性,非公有制改制企业档案管理理论与实践停滞不前,大批非公有制改制企业档案未得到妥善保管,这对于我国企业文化的传承是十分不利的。从苏州非公有制改制企业档案建设的实践来看,主要问题是非公有制改制企业档案管理建设形式上已部署,实际上没有全面展开,具体推进措施没有落实到位,既无强有力推进动力,又无行政性约束力,对于非公有制改制企业档案的管理尚未纳入国家档案管理体系,非公有制改制企业档案建设还处于初级推进阶段。

因此,非公有制企业档案管理工作亟待应有的重视,需要在相应调研的基础上,导入新的档案管理理念,构建合理的管理模式。

第二节 改制企业档案资源处置方案设计建议

本报告拟在深化改革进程的市场大背景下,基于"苏州模式"的成功经验,结合各地企业发展的实际情况,提出科学合理、具有可行性的企业档案处置方案。

一、改制企业档案资源处置办法的价值取向

改制企业档案资源是改制企业全部活动的真实记录,是企业生产经营管理活动的基础,是企业宝贵的经验财富和重要的信息源泉,具有不可替代的凭证和史料参考作用。

做好改制企业档案管理工作,是维护企业真实历史记录,维护国家和企业利益,维护职工权益的重要工作。为此,各档案管理部门及改制企业必须对改制企业档案的管理工作予以高度重视,确立正确的改制企业档案资源处置办法价值取向,坚持以科学发展观为指导,集约化统一管理改制企业档案资源,最大限度地发挥企业档案的价值,满足企业档案利用的需求。

1. 坚持以依法治档为导向

十八届四中全会提出依法治国,是坚持和发展中国特色社会主义的本质要求和重要保障,是实现国家治理体系和治理能力现代化的必然要求,这是中国共产党领导全国各族人民治理国家的基本方略。全国的经济、政治、文化和社会生活的各个方面应该由法律调整的都要实现法制化,都要依法治理,这是我国执政党、国家机关、社会团体和广大公民的共同行为准则。新中国档案事业始终以《档案法》为准绳有序进行,作为国家档案工作重要促成部分的改制企业档案处置工作,也必然首先要坚持以依法治档为导向。

档案行政管理部门对改制企业档案资源依法处置能够明确改制企业档案资源归国家所有,并确保改制企业档案资源完整与安全,为改制企业档案资源的整合提供保障。

2. 坚持以科学发展观为指导

改制企业档案资源处置应坚持以科学发展观为指导,以实现可持续发展为目的。围绕经济转型升级、重点领域改革和社会治理创新等重点任务,挖掘改制企业档案的价值和潜力,发挥改制企业档案在培育社会主义核心价值观和文化传播方面的重要作用。要对标"十二五"规划,着力推进企业档案文化传播,数字档案馆建设,创新企业档案管理模式,科学谋划

"十三五"期间企业档案事业发展方向。同时,要重点加强信息化建设,充分发挥计算机系统的辅助作用,优化企业档案管理体系,严把进馆档案质量关,实现科学管理,促使改制企业档案管理朝着专业化的方向不断延伸,从而更加科学高效的利用好改制企业档案资源,建立开放的资源共享信息平台,为地方经济、社会、企业和百姓服务。

3. 坚持集约化管理导向

集约化管理源于现代企业管理,是现代企业集团提高效率与效益的基本取向。在集中、统一配置生产要素的过程中,以节俭、约束、开放为价值取向,从而达到降低成本、高效管理,进而使企业集中核心力量,获取可持续竞争的优势。

改制企业档案资源管理可以借用现代企业管理的理念,在产权制度改革大背景下,运用现代企业管理的思想,采用现代化管理方法和科学技术,加强分工、协作,对档案管理中心档案资源进行精细化管理,提高档案资源利用效率。借助政府档案行政管理部门、改制企业主管部门和改制企业的人力、物力、财力、管理手段等多种要素,进行统一协调和配置,对产权制度改革过程中的改制企业档案资源进行集中、统一处置,以安全、完整、共享为价值取向,从而达到集中统一、科学管理、高效利用、和谐共享、可持续发展的目的。在国外企业档案的管理模式中,俄罗斯就采用了集中管理模式,其《国家和市政财产私有化档案文件登记程序条例》明确规定被私有化企业的档案不属于私有化机构的财产,属于国家或者市政所有。

4. 坚持市场化运作导向

改制企业档案资源的处置需建立与我国市场经济相适应的市场化运作机制。遵循市场经济规律,充分发挥市场杠杆的作用,管理和利用好改制企业档案资源。以美国、日本为典型的企业档案分散管理模式中,国家、行政组织不以任何行使干预企业档案的管理,由企业自己做主如何管理,企业根据需要设立档案管理部门,同时,一批参与市场经营的社会中介机构就承担起企业档案的管理重任。苏州市工投档案管理中心是在全市国有资本进行调整和整合的过程孕育而生的,抓住了改制企业档案资源战略整合的机遇,果断实施战略管理,将改制企业档案资源管理目标进行全面展开,探索出了经营管理和市场化运作的新路子,努力发展和推动档案事业的发展,抢占改制企业档案信息资源在整个社会公共信息资源中的地位,扮演改制企业档案信息资源在公共文化信息服务体系中主导角色,为政府公共服务体系提供公共产品。

二、改制企业档案资源集中统一管理的必要性与可行性

随着社会主义市场经济和企业产权制度改革进程不断向纵深发展,改制企业档案管理工作面临着许多新课题,改制企业档案作为档案领域中一个重要组成部分,更是出现许多新情况,遇到一些新问题。在这样的背景下,改制企业档案资源的统一管理是必须的,同时,在当前的档案管理水平下,集中统一管理也应当是可行的。

(一) 改制企业档案资源统一管理的必要性

1. 改制企业档案资源是国家档案资源的重要组成部分

国家档案资源是指过去和现在国家机构、社会组织及个人产生的具有国家和社会保存价值的档案。改制企业档案是产权制度改革大背景下,原有国有(集体)企业在改制之前,国家所拥有的企业档案或改制过程中形成的应由国家拥有的档案资源。由于改制企业档案资源是国家档案资源的重要组成部分,国家档案资源应由国家管理,那么改制企业档案资源也理应有国家管理。改制企业档案资源既是企业资产,也是国有资产重要的有机组成部分,是一个地区或地方近现代工业历史发展阶段的真实写照和工业企业文化的积淀,是维护职工的合法权益、构建和谐社会的依据,是研究探寻地方民族工业企业发展和自主创新的重要素材,是反映一个地区或地方工业发展历程不可再生的历史和文化资源。改制企业档案资源一旦缺失,将给地区经济、社会稳定、企业发展、传承历史、百姓利益等造成不可估量的影响。

随着产权制度改革的不断推进,改制企业档案管理体制受到了前所未有的挑战,改制企业档案资源的完整与安全面临着空前的危机。

2. 改制企业档案管理现状的迫切需求

在全面推开国企改革的初期,由于当时改制办忙于应付错综复杂的国

企改革问题,对在改制过程中档案的处置问题未给予高度的重视,使得档案处置问题耽搁了一段时间。但随着改革的不断深入,诸如清产核资、土地所有权的确认、职工工龄、债权债务、劳动福利等问题的出现,凸显出企业档案不可或缺的作用。

据档案行政管理部门不完全统计,苏州市改制企业档案有184万多卷,这些档案作为企业改制资产的一个组成部分,凝聚着苏州近现代工业历史和文化,关乎着退休职工诸多权益,联系着改制后企业发展腾飞再生。由国家档案行政部门牵头集中统一管理是改制企业档案管理的迫切需求,也是这批意义重大的档案资源处置方式的最佳选择。

3. 改制企业档案资源集中统一管理的意义

改制企业档案资源集中统一管理对中国档案事业和社会发展具有重要意义。第一,有利于国家档案资源的共享。改制企业档案资源集中统一管理,开创了企业档案资源共享新模式和新路子。以工投档案管理中心为例,整个工业系统档案资源集中统一管理,对国家、档案行政管理部门、改制企业、社会和老百姓只有好处,没有坏处。第二,有利于和谐社会的建设。随着各项改革的不断深入,涉及老百姓利益的,如办理个人养老金、医保、核准工龄、办理财产公证、出国证明、独生子女证明、工伤认定以及企业经济纠纷、资产评估等,都需要提供翔实可靠的档案信息和原始凭证,改制企业档案资源集中统一管理真正体现了为民、为企业办实事,档案资源的共享为构建和谐社会做出了应有的贡献。第三,有利于社会经济建设的发展。原有国有企业大多改制成了非公有制企业,如果档案不进行集中统一管理,就有可能大量散失,这对国家和改制企业没有好处,只会制约社会经济的发展。第四,有利于建设节约型社会。集中统一管理的成本肯定比分散管理的成本来得低,节约人力、财力和物力。

(二)改制企业档案资源集中统一管理的可行性

1. 改制企业档案资源集中统一管理的政策依据

《档案法》和《档案法实施办法》明确规定:"国有企业、事业单位资产转让时,转让有关档案的具体办法由国家档案行政管理部门制定。"按照国家档案局等四部委局1998年3月5日颁布的《国有企业资产与产权变动档案处置暂行办法》有关规定,产权改革前的"国有企业档案是国有企业全部活动的真实记录和宝贵财富,是企业资产的依据和凭证,属国家所有"。《暂行办法》第六章明确了档案行政管理部门、政府综合经济部门和国资管理部门对档案处置工作的职责,明确了各行业主管部门和各企业主管部门负有档案处置的组织管理职能。应当说建立集中统一管理改制企业档案是有相关的法律法规依据的。

2. 改制企业档案资源集中统一管理已具备软硬件基础

随着科学技术的不断进步,档案工作的硬件配置也在不断更新换代。设施方面,库房的建设技术和防护措施已经达到相当高的水平。先进的档案管理设备、办公设备使档案管理机构的工作更加有效率,更加安全,如自动报警系统、闭路电视监控系统、扫描仪以及各种类型的档案管理软件。这些先进设备的品种和创新层出不穷,从而保证了档案管理机构集中统一管理改制企业档案的高效率,保证了为广大企业和相关部门服务的品质。

在档案资源信息化建设的过程中,信息系统平台的建立,数据库系统的建立以及标准化、安全化系统的建立都是十分重要的环节。随着信息技术的不断发展和革新,为了满足广大档案工作者的功能需求,已经逐渐出现了相对来说比较完善的系统功能。

同时,随着经济的飞速发展,为适应新时期档案管理工作的需要,中国建立了一批新型的档案管理机构,如文件中心、档案咨询中心、档案寄存中心以及现行文件资料中心等。虽然这些机构大多属于商业化营利性质,但是它们的建立不仅壮大了档案管理机构的规模,而且对改制企业档案统一管理工作起到了相当积极的作用,推动了相关档案管理事业的发展。

3. 互联网给改制企业档案集中统一管理带来无限可能

从互联网创建的那一天开始,世界各地仿佛不再那么遥远,人们通过互联网可以无时间限制、无地域限制地获取有用的信息资源。而网站的设立也实现了资源的共享,节约了资源。互联网的存在以及它不断扩大的使用范围,还有它强大的影响力和宣传力,都将为新型的档案管理机构增添强有力的臂膀。新型管理机构可以通过互联网更加便捷地获取有用的信息资源，改善馆藏档案资源的结构，并且为利用者提供及时、全面、高效的优质服务。李克强总理在政府工作报告中提出制订"互联网+"行动计划，具体来说，"互联网+"战略就是利用互联网的平台，利用信息通信技术，把互联网和包括传统行业在内的各行各业结合起来，在新的领域创造一种新的生态。在此背景下，"互联网+档案"的尝试就具有深刻的时代烙印，"互联网+档案"行动计划整合互联网与各行业的资源以达到效用最大化。"互联网+"代表一种先进的生产力，推动经济形态不断地发生演变，正在为改革、发展、创新提供广阔的网能平台，中国档案信息化事业正在蓬勃发展，"互联网+"思维正为改制企业档案集中统一管理带来无限可能。

三、改制企业档案资源处置办法的基本原则

1. 依法管理，明确责任

改制企业档案处置应根据国家档案局的规定依法管理，同时，结合当地实际，确定改制企业档案的归属和流向。为了确保改制企业档案处置工作落到实处，档案局与当地政府及有关部门应明确相关责任，适时召开改制企业档案处置工作相关会议，对改制企业档案处置工作进行具体部署，实际掌握各部门档案处置工作情况，加大对改制企业档案处置工作的组织力度，落实处置工作经费、人员和档案存放地点，确保档案资源不流失。并及时进行汇报沟通，加强监督检查的力度，确保依法管理、有效管理。

2. 突出重点，分类指导

改制企业档案数量浩大，种类繁杂，在档案资源处置过程中应当区别情况，突出管理重点，对重点珍贵档案实行重点抢救和保护。以苏州市为例，苏州百年老厂多、名企名店多，一些传统工艺、传统技术和产品在全国都有一定的影响，其档案十分珍贵。因此，苏州市档案局下发《关于做好企事业产权制度改革中档案接收进馆工作的通知》，深入企业逐家落实任务，进行系统整理，重点组织力量将苏州市百年老厂、名品、名店及反映苏州市

特色的具有重要价值的珍贵档案先行接收进馆。从而明确了改制企业档案管理的重点,将重要文化遗产妥善保管,也为后续中国丝绸档案馆的建设奠定了基础。

3. 探索创新,树立典型

改制企业档案处置与管理是一项全新的工作,现有的成功经验和管理模式比较有限,因此在对改制企业档案进行管理时必须注重加强调查研究,注重扶持新生事物,注重总结先进经验和有效做法,及时宣传推广典型,积极探索适合苏州市实际的处置工作的途径。在档案处置方式上,做到既坚持原则,又灵活变通,以保证国有档案完整、安全、不流失、不损毁,对改制后的企业确因生产经营需要,实行委托管理,办理委托手续,明确委托管理责任。

四、改制企业档案资源处置的具体办法

1. 明确改制企业档案资源管理定位方式

结合苏州的实践,我们认为改制企业档案资源的流向主要有以下三种:① 企业档案由本企业永久管理;② 由国家综合档案馆对企业档案进行接收;③ 建立一个专门保管一个地区的企业档案的档案馆或管理中心。基于改制企业档案资源处置办法应当坚持以科学发展观为指导,集约化统一管理改制企业档案资源,最大限度发挥企业档案的价值,满足对企业档案利用的需求的价值取向,对三种方案进行深入分析,比较利弊,在目前情况下,第三种方案较为理想,为随着改革的不断深入发展,改制企业档案资源何去何从指明了方向。

2. 探索改制企业档案资源集约化管理之路

借用现代企业管理的理念,在产权制度改革大背景下,改制企业档案资源也应当运用现代企业管理的思想,借助政府档案行政管理部门、改制企业主管部门和改制企业的人力、物力、财力、管理手段等多种要素,进行统一协调和配置,对产权制度改革过程中的改制企业档案资源进行集中、统一处置,以安全、完整、共享为价值取向,从而达到集中统一、科学管理、高效利用、和谐共享、可持续发展的目的。

3. 建立改制企业档案资源管理的实体

改制企业档案资源管理实体的建立有利于全方位开展改制企业档案工作，是顺利进行管理的必然要求。实体的建立是一项需多方共同努力的浩大工程。一是改制企业档案资源保存基地的选址的确定。以选择区域优势较好、便于档案资源保存利用的地址为准则。如苏州市选择了苏州古城文化园林博览区的齐门路，来建造苏州市工商档案管理中心。二是资金的投入。应重点投入资金在进行库房改造和设备、设施的添置上，奠定保管档案所必备的功能齐全、环境优美、管理规范的基础条件。三是配备相关的管理人员，为保证档案管理工作的专业性和规范性，对人员的档案专业素养、文化水平等等都应有较高的要求。

4. 确定改制企业档案资源整合方法

由于很多企业长期处于关、停、并、转的状况，改制企业档案处于无人管理的局面，所以对该档案资源的整合需采取各种方法进行。

（1）筛选的方法。可以由档案人员对接收的各类档案根据珍贵程度、价值大小、使用频率等，对档案进行合理筛选，使之去粗取精、去伪存真，保留改制企业档案中的核心内容。特别是一些在本地区有影响力的百年老厂、知名品牌、大型企业、传统特色企业的档案资源。

（2）鉴定的方法。可以由档案人员采取直接鉴定的方法，对每一卷企业档案的价值进行鉴定，区分保管期限，进行整理、组合，使每一企业的档案资源得到合理、有序的整合。

（3）全宗群管理的方法。可以在档案管理中心设置若干个全宗群进行档案资源的整合，如纺织系统全宗群、丝绸系统全宗群、工艺系统全宗群、轻工系统全宗群等，在每个全宗群下设若干个全宗，每个企业作为一个全宗来进行整理和管理。

（4）研究性整理的方法。档案管理中心应当集中力量对改制企业档案资源中保存的大事记、厂史、厂志、纪念册等存史性资料进行摸底调查，并进行汇总、整合，特别是对一些无法再现的研究性、历史性的档案资源进行抢救，为地方志编纂工作提供历史性、宝贵性的资料。

（5）现代化手段的方法。科学技术和信息化手段的不断发展，为档案资源整合创造了有利条件。档案管理中心应当及时安装档案管理软件,在各改制企业整理移交的过程中进行案卷目录、卷内目录的输入,建立目录数据库。另外档案管理中心也可以采用多种手段对一些老企业原有的厂貌、厂址、历史建筑、设备、产品、样品等进行录像、拍照、制作光盘,把历史原貌保留下来,特别是一些土地置换的改制企业。

5. 对企业退休人员档案进行集中统一管理

人事档案是企业档案的重要组成部分,在苏州市工商档案管理中心的对外服务中,企业退休人员的档案也是利用较多的,因此对于企业退休人员档案的集中统一管理显得十分重要。2004年4月,市政府下发了《关于苏州市区企业退休人员社会化管理服务工作实施意见》文件,要求从2003年起,用2~3年的时间,将企业承担的退休人员管理服务职能全部转移到社区,并将退休职工档案集中管理。根据市政府文件及劳动社保局的要求,苏州市工商档案管理中心重点组织开展对退休人员、无主、死亡人员的个人档案接收进馆,并对其进行规范化整理的工作。目前,苏州市工商档案管理中心已移交市社保退休人员档案管理中心企业职工人事档案73153份。此外,苏州市工商档案管理中心现有馆藏无主档案(含考绩档案)40856份,死亡档案47044份,共计92340份人事档案(其中含历年提出档案4440份),档案中心对其进行了集中保管。这些工作有利于为职工核准衔接工龄、办理遗产公证、职工亲属入党参军、户口转移等,提供有效的原始凭证,维护社会稳定,促进和谐社会的建设。

6. 开展抢救性的征集工作

在整合改制企业档案资源的同时,积极开展抢救性的征集工作,抢救各改制企业的各种历史遗存显得极为迫切。为此,应当高度重视实物类档案的搜集、归类、整合、移交、征集,明确实物类档案的范围:一是产品实物,包括各工业企业有代表性的产品和样本;二是反映企业历史的各类遗存实物,如厂牌、厂徽、产品商标、各类荣誉牌(杯)、证书等;三是与企业有关的领导人题词和名人字画等;四是其他应当抢救保存的实物档案。如具有苏州特色的苏州丝绸产品实物样本等。

7. 创新和完善公共档案信息服务体系

在创新和完善公共档案信息服务体系中应充分发挥主体之一——企业的作用。企业是公共档案信息服务体系主体之一,具有很强的适应市场经济的能力,在公共档案信息服务的基础设施、具体产品的生产过程中具备比政府、档案行政管理部门更多的优势,具有承担公共档案信息服务的人力、财力和物力的能力。同时在构建公共档案信息服务体系的过程中引入先进的现代化企业管理理念和市场化经营方式,是创新和完善公共档案信息服务体系的重要手段和方法。

第三节 结　论

纵观中国经济体制改革的历程,产权制度改革曾经是最难逾越的一道坎,然而苏州市委、市政府打破了这三尺坚冰,对苏州市国有(集体)企事业单位进行了彻底的改革。

全市涉及产权制度改革的单位的各类档案是改制资产的一个组成部分,这些档案凝聚着苏州近现代工业文化,关乎退休职工诸多权益,联系着改制后企业发展腾飞再生。在没有先例、没有成功的模式,也没有具体管理的路子的情况下,苏州探索出的"工投模式""苏州模式"是时代进步和发展的产物,是中国档案事业建设与发展过程中产生的新生事物,是中国档案学理论创新的最新成果。

本报告对苏州市改制企业档案资源的管理情况进行了调查,剖析"工投模式"与"苏州模式"的建立与意义,并从企业改制、企业改制档案管理制度制定、改制企业档案资源的归属与流向、改制企业档案利用的现状入手,发现了改制企业档案工作中存在着的一些问题,主要有依法治档意识不到位、改制企业档案管理政策严重缺失、改制企业档案处置工作与企业改制不同步、非公改制企业档案未纳入管理体系等。针对这几个问题,报告提出了改制企业档案资源处置方案的设计建议。首先,确立了要坚持以科学发展观为指导,集约化统一管理改制企业档案资源,最大限度发挥企业档案的价值,满足企业档案利用的需求的价值取向。其次,对改制企档案资源集中统一管理的必要性与可行性进行了阐述分析,明确了改制企业档案资源处置办法的基本原则,对改制企业档案资源的性质、范围、来源、所有权、管理权进行了分析。最后,提出了改制企业档案资源处置的具体办法。

希望通过本报告的内容,在不断改革创新的过程中,建立和探索改制企业档案资源处置的新模式、新路子,为保护和利用国家档案资源,探索出可行的解决途径。

第七章　苏州市民营企业档案资源状况调研报告

谈 隽

目前苏州市属国有企业档案管理现状较好，规范化水平较高。一方面因为档案行政管理部门能依法开展正常的监督指导；另一方面这类企业的档案属于国家财富，必须纳入当地综合档案馆的接收范围。近年来，苏州档案行政管理部门通过贯彻国家档案局 10 号令，对市属国有企业编制的《文件材料归档范围与保管期限表》进行审批，从而进一步规范市属国有企业的档案资源建设工作。由于调研时间有限，这部分就不做过多调查分析，重点还是围绕非公民营企业档案管理资源状况做一些调查了解。

一、民营企业档案管理现状

（一）管理现状

从全市整体上看民营企业档案工作的开展很不平衡。民营企业数量众多，规模大小不一，档案管理情况较为复杂，管理现状因企业而定，管理水平参差不齐，管理手段五花八门。

从档案部门在民营企业推进档案规范化建设实践看，目前大致有以下几种形态。

1. 集团型大企业规范化形态

如吴江亨通集团是全国性行业的领军企业，中国企业 500 强，集团拥有全资和控股公司 30 余家。由于公司领导重视，企业建档标准较高，企业原有各项基础管理扎实，有一支业务能力较强的专兼职档案管理队伍，已成功创建档案管理规范省三星级，目前正努力创建省五星级规范，并筹备建立企业档案馆，成为苏州民营企业档案建设的典范。再如常熟波司登企业档案馆,这类企业具有共同特点:一是企业有一定规模;二是企业效益比较好;三是企业的科技含量比较高;四是企业在管理上取得了相应资质,比较规范。

2. 一批成长型优秀企业提高型形态

如康力电梯股份有限公司,康力电梯自上市以来,企业各方面发展很快,企业领导深感企业档案建设的迫切性,虽然企业原有的档案基础比较薄弱,但企业领导十分重视,厂部办公室相关人员认真负责,对档案建设工作制订计划,培训人员,落实具体措施,这一类提高型企业,档案规范化建设进程比较迅速。

3. 一部分特殊性行业的实用型形态

由于行业的特殊性,企业对档案建设有着自身的刚性需求,加之行业管理直接推进着企业档案建设,因此企业内在要求迫切,如工程施工单位、建材业制造企业等。兴吴钢构公司是一家集制造活动房钢构和大型电线钢杆的工程施工类中型民企,对档案建设的要求自身十分迫切,企业平时业务性档案收集、保存资料做得比较到位,档案部门指导其规范化标准化上水平,效果明显。

4. 部分由原市属企业改制为民营企业的档案管理基础较好的形态

原市属改制企业档案管理基本保留着原来公有制企业的管理模式。如江苏新民纺织科技股份有限公司、赴东集团等企业档案管理仍保持原国有企业档案管理的模式。

5. 大多数中小型民营企业欠缺档案管理

目前尚处于放任自由状态,大部分中小企业民营企业是家属制企业,作坊式的管理模式,没有档案管理员,没有档案管理制度,没有专门的档案室,档案资料是根据企业领导及相关人员兴趣,有的保存,有的流失,少数有档案管理意识的企业能保存有价值的资料,大部分中小企业根本没有档案管理概念,除会计资料由财务部门保管外,其他资料各人各管,尚未形成企业档案管理体系。

(二)管理模式

不同的企业根据自身不同的特点,对文件材料的保管采取不同的管理模式,归纳总结主要有以下三种。

1. 自主管理模式

有部分企业重视档案管理,明确企业内部有关部门来管理档案,有的成立档案室,招聘专职档案员进行规范管理。能自觉学习国家关于档案工作的法律法规政策,制定并落实档案工作制度,将档案工作纳入企业规范管理工作流程、纳入单位部门和人员的经济责任制或岗位责任制。有的企业能参照国家档案局10号令制定较为合理的"归档范围和保管期限表",每年能及时收集、分类和整理,完成档案归档工作。档案保管条件符合规范要求,实施"三分开",档案室的硬件和软件配备较为齐全,能较好地保管好企业档案。档案利用率较高,主要为企业的科研、成果申报、企业规划、企业管理服务,但档案的主动开发利用水平普遍较低。

2. 委托管理模式

公司将相关档案整理后交档案资料寄存中心托管,由寄存中心协助保管、查询利用等。档案寄存托管业务是根据公司的要求,对公司的档案资料实施委托保管和运维管理。目前,随着档案数量日益增多,有的公司因为场地有限、资源紧张等没有能力对本公司的档案进行有效管理,但认为这些资料不能丢失,所以就有了档案托管寄存的需求。主要的方式有:一是直接将档案寄存到第三方仓库,由第三方提供标准的库房,配备必要的硬件设施设备,并由专人负责管理和提供利用;二是直接将公司的档案库房交由第三方代理运维管理,第三方派专人进驻对企业的档案进行规范的整理、分类、装订、上架等保管利用,同时运用相关的信息管理软件对其提供档案查阅利用服务。

3. 分散管理模式

大多数规模较小的企业实行由各个部门分别管理档案,各部门自行管理本部门的相关档案资料,每年部门向公司档案管理责任部门提供档案年度报表。按照档案传统"集中统一管理"的原则,虽然分散管理模式不符合规范要求,但由于民营企业的经营活动与国有企业不同,所产生的档案不同,区别对待档案的管理是现实的要求,分散管理模式的灵活管理方式应该讲是符合民营企业现实需求的,所以不能完全否定这种管理模式。

(三)档案资源状况

经调查,民营企业档案资源状况总体普遍薄弱。虽然很多上规模的民营企业也有规范管理的强烈意识,在获得 ISO9001 质量管理体系、ISO14001 环境管理体系和 HSE 职业健康管理体系认证或复审过程中,对企业的文件资料管理有明确的要求,所以对文件资料有一定的收集管理意识;但是,有的企业虽然注重对企业管理过程中形成的文件材料的保管和利用,档案工作负责部门有进行档案资源的收集,仍普遍存在档案资源不齐全完整的现象。如企业的管理类文件相对收集的多、而业务类文件以及会计档案、实物档案等门类的档案则忽视收集。仍有很多重要文档资料留在部门及个人手上,无法及时收集。有的专业档案不接收进档案室,有专门的部门和人员对其进行管理,比如,会计档案、人事档案、技术档案等。许多民营企业在与员工签订用工合同时,也未有意识将文档管理要求写入合同中,造成员工觉得工作中形成的文件材料是自己的财富,这种情况极易造成企业档案资源的流失。

二、民营企业档案管理存在的主要问题、成因分析

从民营企业档案建设存在的主要问题看,主要是民营企业档案管理建设形式上已部署,实际上却没有全面展开,具体推进措施没有落实到位,既无强有力推进动力,又无行政性约束力,因此民营企业档案建设处于初级推进阶段。

(一)档案管理意识薄弱

民营企业档案意识的薄弱很突出,在一些企业档案部门经常是被兼并和精简的对象,从业人员的不固定和职位地位偏低很大程度上影响了档案工作的开展。认识上的误区是所有问题产生的基本原因,我国民众总体档案意识偏低,又由于民营企业的性质导致相关负责人没有对档案工作重视起来。档案要经过一个长时间、隐性的状态才能显现其价值,民营企业管理者对档案工作的认识程度是一个不可忽视的重要因素,大多数民营企业家没有认真学过《档案法》,法制意识的淡薄使档案工作与企业的经营活动形成很大的反差,一个蒸蒸日上,另一个一潭死水。

(二)管理制度及体系不完善

大多数民营企业档案管理中还存在档案管理制度不健全、基础管理薄弱等基础问题。民营企业需要不断完善档案管理的运行机制,合理规划管理工作。随着时代的变化,市场竞争更加激烈,沿用至今的管理基础条件发生了变化,企业如果要继续发展,旧的管理方法需要更新再利用,如果一味盲目使用原有集中式管理制度,会给企业增添负担。新时期的要求就是推进构建新的档案管理模式,企业档案管理要树立重点突出、循序渐进、区别对待的先进思想。企业规模和体制性质的不同将直接导致企业档案的管理手段和方式必须随之改变。

(三)档案从业人员综合素质低

民营企业的档案从业人员的专业水平普遍较低,而且队伍不稳定,人员经常变动,有的档案人员自身缺乏档案意识,有的企业档案人员往往是其他岗位兼任,过多的兼职导致精力不够,这都直接影响了企业档案资源建设,甚至影响到企业正常活动的开展。有的民营企业档案库房设施陈旧落后、环境差,完全不符合档案保管的要求,对企业的经营和形象有很大的损失。虽然近年来档案行政管理部门加大了对民营企业档案人员的培训力度,但还需要企业建立相应的档案工作绩效考核和奖惩措施来进一步约束自身档案工作的规范发展。

(四)档案行政管理部门指导不足

民营企业有档案管理的自主权,同时也很需要相关部门的指导与约束。但目前情况是《档案法》没有赋予档案行政管理部门相应的监管权力,也没建立相应的监管机制,从而使行政管理部门的指导工作受到限制。同时机构精简造成各地档案行政管理部门的业务指导人员的缺乏,也很大程度上影响了其指导力度和效果。

三、民营企业改制后档案的归属与流向问题的建议

民营企业产权变动时档案的归属问题一直没有相关的明确的政策措施,虽然国有企业改制后档案的处置已经摸索出一套比较科学的做法,但因为民营企业的私有性质决定了档案的处置无法完全照搬国有企业的做

法。近年来,在许多破产清算案的审理中也发现破产民营企业所涉及的财务账册、人事档案、文书资料等归档处置存在诸多困难,须引起重视并亟待解决。

首先,制定相关的法律法规,对企业产权变动时的档案归属给出明确界定。

对于破产企业,根据企业性质给出明确的档案归属界定。需要明确破产档案管理人全面接管破产企业档案,应及时接管企业的财务账册、人事档案、文书资料等,对于缺失的资料应积极与企业原管理人员取得联系,补充、收集齐全。明确当地档案行政管理部门对破产企业档案具有合法的监督指导权。档案管理人在对破产企业档案资料的整理归档过程中,应积极与当地档案管理部门沟通协调,请档案管理部门指派专业人员进行指导,以提高资料归档的质量与效率。

其次,探索档案服务方式,提供多种档案归属和流向的选择。

破产企业档案的整理和保管也需要一定的经费,所以,原企业对选择由什么机构来保管档案具有主体权。一般原则是:破产企业档案资料整理完成后,破产程序终结前,原企业有主管部门的,档案资料移交主管部门保管;原企业无主管部门的,则可以移交破产企业所在地档案馆保存或选择档案托管中心代为保存,档案托管费用由企业管理人在破产财产分配时预留。

档案行政管理部门要进一步解放思想,勇敢探索档案保管的新思路。当地档案行政管理部门可以选择辖区内重要的上规模的民营企业,一方面指导建档,推动企业档案工作规范化管理;另一方面可以通过沟通谈判,在企业自愿的基础上与其签订移交协议,对企业重要档案进行接收或者代保管。此外还可以借鉴国外经验,鼓励国有企业档案馆、大学档案馆、民间社会研究机构对破产企业档案进行接收,档案行政管理部门做好监管工作。还可以培育档案托管单位,使其具有档案托管的资质和能力,对破产企业的档案保管和利用负责。同时,原企业在选择托管单位时也能排除后顾之忧。

再次,政府和市场主导相结合,建立档案服务的网络化。

破产企业档案的归属应该由政府部门通过相关的法律法规或规章制度进行硬性规定,而企业档案的具体流向可以利用市场来决定存放在哪个托管中心。同时,档案行政管理部门对于档案服务场所(托管中心)进行网络化管理,并定期对其进行监督和检查,确保寄存档案的安全、完整。另外还可以考虑采用政府购买服务的形式,由档案行政管理部门出面来购买社会服务,将无法归属的破产企业档案交由社会档案寄存机构来保管,从而妥善处理破产企业档案的归属问题。

附 录

国家档案局科技项目《产权制度改革大背景下改制企业档案资源整合与共享模式研究》简介

一、项目来源

2002年9月17日,是江苏省苏州市改革史上具有历史性意义的一个日子,这一天,全方位、大力度推进苏州市属改制企业产权制度改革的帷幕正式拉开了。纵观中国经济体制改革的历程,产权制度改革曾经是最难逾越的一道坎,然而苏州市委、市政府打破了这三尺坚冰,用三年时间对苏州市国有(集体)企事业单位进行了彻底的改革。用一年多时间完成了第一轮改革任务,一般竞争性领域的952家市属国有(集体)企业和82家生产经营型事业单位,全面完成了产权制度改革任务。从2004年5月起又用一年半时间进行第二轮改革,重点对全市社会事业领域企事业单位和社会团体等进行改革,共计370余家市属事业单位和580多家社会团体。据档案行政管理部门不完全统计,全市涉及产权制度改革的单位共有各类档案200余万卷。为此,苏州市档案行政管理部门积极探索产权制度改革背景下,改制企业档案资源整合与共享的新模式,建立了国内首家集中统一管理改制企业档案资源的"苏州市工商档案管理中心",创立了改制企业档案资源管理新模式"苏州模式",实现了产权制度改革大背景下,改制企业档案资源整合与共享,该项成果是企业档案管理史上的一个创举。

苏州市档案局和原苏州市工业投资发展有限公司在江苏省档案局的关心和支持下,经过一年多的调研和实践,在2006年3月初向国家档案局申报了此项科研项目。2006年6月经国家档案局批准,《产权制度改革大背景下改制企业档案资源整合与共享模式研究》项目正式立项,项目编号:

改制企业档案管理实践与创新

2006-X-07。

二、项目研究过程

项目申报之前,苏州市档案局与原苏州市工业投资发展有限公司在市委、市政府的正确领导下,在上级档案部门的关心和指导下,密切配合,通力协作,走前人没有走过的路,干前人没有干过的事,积极探索产权制度改革下,改制企业档案资源整合与共享的途径和方法。在项目经国家档案局批准立项后,项目组全体人员在局党组的领导下,合理分工,苏州市档案局的研究人员主要承担了项目设计、项目研究框架、项目研究内容、项目研究路线以及研究报告的撰写等工作。原苏州市工业投资发展有限公司研究人员在市档案局的指导下重点开展本公司所属改制企业档案资源实体整合的组织发动工作。时间从2002年9月至2004年12月。在这个阶段中,工作重点是依据国家有关规定,制定办法,开会布置,检查督促,积极推动改制企业档案处置工作。

首先,制订处置方案,明确处置责任。在苏州市国有(集体)企业改制之初,档案局就及时与市体改办、经贸委等单位协调、联系,依据《中华人民共和国档案法》及国家档案局《国有企业资产与产权变动档案处置暂行办法》的规定,先后下发了《苏州市国有破产企业档案处置暂行办法》和《苏州市国有(集体)企业产权制度改革中档案处置暂行办法》,对转制、关闭、破产等企业档案的处置原则、处置方法、档案流向提出了具体的可操作性的意见,明确了责任要求。根据国家档案局的规定和本市实际,确立了"统一领导、分级负责"的原则,建立和推行"宏观管理、分类指导、依法行政、规范服务"的档案处置工作运行机制,明确了改制企业主管部门是档案处置工作第一责任部门,并对改制企业档案归属和流向做了明确规定。

其次,突出抢救重点,实施分类指导。由于全市改制企业档案数量浩大,任务繁重,在指导和处置工作过程中,档案局区别情况,突出抢救重点,对重点珍贵档案实行重点抢救和保护。苏州百年老厂多、名企名店多,一些传统工艺、传统技术和产品在全国都有一定的影响,其档案十分珍贵。为此市档案局下发了《关于做好企事业产权制度改革中档案接收进馆工作的通知》,列出了49家档案进馆单位,并深入企业,逐家落实任务,进行规范的系统整理,重点组织力量将全市百年老厂、名品、名店及反映苏州特色的具有重要价值的珍贵档案先行接收进馆。目前已有41家企业档案接收入库,其中有苏州火柴厂、太和面粉厂、苏纶纺织厂这类百年老厂,还有振亚丝织厂这类苏州知名企业。

再次,依法加强管理,跟踪监督检查。为了确保转制企业档案处置工作落到实处,市档案局在2004年颁布的政府规章《苏州市档案管理办法》中,专门列出了国有企事业单位档案处置工作条款,依法规范处置工作。并主动与市委、市政府及有关部门汇报沟通,积极争取领导的重视,参与相关工作,从源头上把好关。2003年7月和2004年6月,市档案局先后与市体改办、经贸委及市监察局联合召开全市改制企业档案处置工作会议,对全市改制企业档案处置工作进行具体部署。2003年8月和2004年11月,会同市人大教科文卫委员会、市法制办等部门联合对全市改制企业档案处置工作进行执法检查,听取各主管部门档案处置工作情况汇报,实地检查了档案保管状况,对存在问题提出了整改意见,要求各部门进一步加大对转制企业档案处置工作的组织力度,落实处置工作经费、人员和档案存放地点,确保档案资源不流失。2004年,苏州市委、市政府两办又联合转发了本局与市体改办制定的《关于进一步做好全市国有集体、企事业单位产权制度改革中档案处置工作的意见》,进一步明确了改制企业档案处置工作要求。为贯彻落实两办文件精神,本局成立了转制企业档案处置工作协调领导小组,组织力量对全市20多个系统、50多个重点企业的档案处置工作进行跟踪监督和指导,确保了档案处置工作的有序进行。

项目批准立项后至2006年年底项目组重点工作是指导、督促各主管部门将所属关闭、撤销、破产、转改制企业档案实行集中管理,防止档案的损毁,确保其安全。

一是坚持原则,确保国有档案不流失。从苏州市国有(集体)企业改制之初,档案局就严格按照国家档案局的规定,制定办法,明确国有(集体)企业档案是国有资产,为国家所有。国有(集体)企业改制,其档案的处置只能由档案行政管理部门依法实施,其他任何部门无权处置。在市委、市政府两办印发的《关于进一步做好全市国有集体企事业单位产权制度改革中档案处置工作的意见》中，也再一次重申了这一原则。2003年，本市一家百年丝绸老厂破产，企业主管部门未经档案局同意，将该厂的产品科研档案全部移交给了本系统的一家研究所，档案局得知后，立即与该主管部门联系，指出他们的错误做法，并督促其将这些档案移交给市档案馆。

二是注重实际，处置方式灵活变通。在苏州市国有企业转制过程中，不少企业因生产、管理的需要，就档案的处置纷纷向主管部门申请，要求全部或部分留用。有的主管部门按规定上门接收档案时，遭到企业的阻挠。针对这一实际，档案局及时与企业主管部门进行研究磋商，及时调整档案处置工作的策略。我们认为，国有改制企业档案的处置，一方面，要维护国家的利益；另一方面，也要最大限度地发挥档案的作用，兼顾转制企业生产管理的需求。对此，我们根据企业的要求，对部分国有档案，实行委托管理。档案局为此印发了《关于对部分转制企业档案实行委托管理的意见》，规定了委托管理档案的程序、条件、档案的范围、委托的期限、手续以及应负的责任等。凡企业要求利用原单位档案的，必须提出申请，经档案局和企业主管部门研究同意，由企业主管部门与企业办理委托管理档案的手续，签订委托管理协议。在委托期间，如涉及企业产权再变动，其档案要随时移交主管部门。目前，苏州市已先后与数十家企业签订了委托管理协议，涉及档案10多万卷。委托管理这一方式，受到了改制企业的欢迎，避免了处置工作中的矛盾，促进了改制企业档案处置工作的顺利进行。

研究工作过程中，积极寻找突破口，切实解决改制企业档案资源实体的安身之地。

原苏州市工业投资发展有限公司（以下简称工投公司）是改制企业档案处置工作的大户，所属八大工业系统308家企业约有档案总数160余万卷，占全市应处置档案数量的三分之二。工投公司党委、领导按照市里的统一布置，本着对历史负责、为现实服务、替未来着想的高度责任感，针对公司改制企业档案处置工作的实际，果断成立档案中心，组建专门档案处置工作队伍，将地处市中心文博旅游区一家中型破产企业（占地23亩，建筑面积 2 万平方米）的厂区改建为档案中心用房，集中管理全公司 8 个系统和行业的改制企业档案。工投公司为此向档案局汇报，希望得到档案局的支持。档案局经反复研究讨论，认为这是档案处置工作管理模式的创新，是利国利民的好事，应该予以支持。档案局将其作为档案处置工作的突破口，全力予以推进。

在工投公司档案中心筹建过程中，市档案局以档案行政部门的名义，从抢救保护国有改制企业档案、抢救国家财产的大局出发，为工投公司档案中心奔走呼吁。积极向市体改办、经贸委宣传，争取他们的理解、支持，与市体改办联合向市企业改革领导小组打报告，提建议，在市委办公室组织召开的协调会上，档案局又力陈建立工投公司档案中心的理由及应具备的条件，得到与会的市财政局、市体改办、市经贸委等部门的一致认可。会后，苏州市委、市政府 4 位领导先后在会议纪要上签字同意。工投公司档案中心在各级领导及有关部门的支持下得以顺利组建。

工投公司对档案中心用房先后进行了两期改造，共投入资金 1156.38 万元，配置密集架 2993.5 立方米，档案存储能力达到 200 余万卷。档案中心有档案库房主楼一幢，面积约 9000 平方米，另有办公楼和其他辅助用房，设置了档案接收大厅、利用大厅、消防室、监控室、会议厅，"八防"设施基本齐全，功能基本完备。从 2005 年 3 月开始，"中心"对全公司分散管理的改制企业档案实行统一管理，集中入库。前后组织 400 多人，对集中入库的档案进行系统整理、统一编目，逐一移交。平均每天接收档案 5000 多卷，持续一年，累计集中档案 137 万卷。

解放思想，大胆创新，打破体制机制的障碍，走出一条"苏州模式"的改制企业档案资源整合和共享的创新之路，"苏州模式"成为企业档案管理史上的创举。

从 2007 年 1 月开始。我们的重点是解放思想，创新管理体制，利用档案中心的硬件条件整合资源，实行对全市改制企业档案的集中统一管理，不断强化中心的服务功能，积极开展便民服务。

一是解放思想，创新体制。工投档案中心的建立，为深化苏州市改制企业档案处置工作创造了很好的条件，但由于体制问题，限制了中心的发展。另外,从全市改制企业档案处置工作整体现状来看,各主管部门虽然将档案分块集中,但由于客观条件的限制,有相当多数量的档案存在安全隐患,很多档案也没有经过整理,无法利用。为保证这部分档案不再受损,使之更好地服务社会,服务广大职工,档案局与工投公司反复研究,进一步解放思想,决定在工投档案中心的基础上,力争把这项事业做大做强,彻底解决档案处置工作的深层次问题。经过充分的调研,提出解决工投档案中心体制问题的三种方案,并比较各种方案的优缺点,报市领导研究决策。2007年8月,苏州市委常委、市委秘书长王少东主持召开会议,就工投档案管理中心体制问题进行专题协调,市政府办公室、市财政局、市国资委、市编办、市工投公司、市档案局等部门领导参加了会议。会议决定,建立苏州市工商档案管理中心,为市档案局所属正科级建制、财政全额拨款事业单位。核定编制为60人,其中编内编制15人,编外聘用45人,工投档案中心人员原则上由工商档案管理中心全部编外聘用。确定职能为负责全市改制企业档案的集中统一管理并提供利用。2007年10月,市编办正式发文批准成立工商档案管理中心。在市国资委的牵头协调下,工投公司与市档案局就中心资产、档案、人员的移交聘用工作从2007年11月份开始,到12月底结束。2008年1月17日,在市国资委、市财政局的见证下,市工投公司、市档案局共同举行了中心移交签约仪式。至此,市工商档案管理中心正式成立,同时也标志着我市改制企业处置工作进入了一个新的阶段。工商档案管理中心建立时聘用编内人员11名,编外人员49名,内设三个科室、8个班组,每个部门做到定职、定岗、定人,各项工作正按计划有序进行。

二是整合资源,统一管理。工商档案管理中心建立后,首要任务就是充分利用中心的硬件优势,扩大收集范围,实行对全市改制企业档案的集中统一管理。从2008年上半年开始,工商档案管理中心在局业务指导处的配合下,对全市改制企业档案管理现状(包括档案数量、保管状况等)进行了调查摸底,起草了《苏州市改制企事业单位档案移交工作的意见》,并由市委、市政府两办进行了印发。计划用2年时间将全市所有改制企事业单位档案全部集中到中心统一管理。至2008年年底,建设系统、交通系统改制企业档案正在陆续移交给工商档案管理中心,中心档案总数已有148.1万余卷,照片37288张,实物5018件,丝绸样本81078件。在档案移交的同时,还将组织各有关主管部门对改制企业档案处置工作回头看,对原改制企业档案处置未落实或处置不合理、不彻底的单位要求"补课",确保处置工作到位。

三是坚持规范,强化基础。工商档案管理中心虽然名义上不是档案馆,但中心坚持按照档案馆的管理规范,加强内部基础业务建设。制订了《中心档案管理规范实施细则》,对中心接收的档案,按系统设置全宗群,以企业为单位设置全宗,对所有入库档案统一编号、编目,建立全宗卷。由于中心前几年在企业改制过程中,对档案处置采取的是抢救性集中入库,不少档案还没有建立全引目录,给档案的查阅利用带来不便。工商档案管理中心建立后,中心建立了档案编目小组,集中力量对库藏文书档案按全宗逐一编制全引目录,并配备10台计算机进行目录输入,有计划地对库藏重要档案进行数字化加工。

四是面向社会,搞好服务。为广大职工服务、为社会各界服务是工商档案中心的宗旨。中心查档接待组以热心、耐心、细心的服务态度,为每一位查档利用者提供优质服务。从2004年6月至2008年,中心已接待查档8000余人次,调档5万余卷次。仅2008年1月至10月,工商档案管理中心就接待2189人次,调阅档案10987卷次。通过查阅档案,为职工亲属参军、办理房屋遗嘱公证、核准工龄、衔接工龄、办理养老保险、医疗保险、户口转移、出国证明、独生子女证明以及处理经济纠纷等,提供了大量原始凭证,为广大职工和有关企事业单位解决了很多实际问题,对促进社会和谐起到了不可替代的作用。

五是挖掘库藏,展示历史。从2008年开始,工商档案管理中心组织专门人员对库藏档案信息进行全面梳理挖掘,编制了"苏州民族工业史料陈列"方案。方案先后数易其稿,编写照片说明数千张、收集实物数千件,比较系统地反映了自民国到新中国成立直至企业改革近百年苏州民族工业发展变化的历程,图文并茂,极富感染力,阅读性很强。陈列待新馆建成时即可布展。除此之外,工商档案管理中心还根据库藏档案信息编写了《记忆——党和国家领导人、中外名人与苏州市区民族工业》《苏州市区工业改革开放三十年大事记》《苏州市区工业之最史料汇编》《苏州市区工业获国家金银质奖品档案史料》等专题资料汇编，有的即将印刷出版。目前正在计划编制的画册《苏州市工商档案管理中心库藏档案史料珍品选》，将向社会介绍中心的珍贵档案资源，以争取市领导及社会各界的关注和支持。

三、解决的主要问题

1. 思想认识问题

在产权制度改革大背景下，国有企业档案资源作为国有资产的一个组成部分已成为一致的共识。苏州市委、市政府在开展国有市属企业产权制度改革时，就把档案资源的管理作为产权制度改革的一个组成部分来对待，对档案处置工作，档案行政管理部门提前介入，使企业档案的处置工作同全市产权制度改革工作进程同步。从思想上、认识上解决了产权制度改革中企业档案资源的管理问题，从而在全国率先实现了区域性改制企业档案资源的集中统一管理，开创了改制企业档案资源集约化管理的新模式。

2. 归属流向问题

在产权制度改革中苏州市档案行政管理部门较好地解决了改制企业档案资源的归属和流向问题。

首先，解决了归属问题。根据《档案法》和相关档案法律法规的有关规定，明确规定国有（集体）企业在改制前的档案是国有（集体）企业全部活动的真实记录，是企业产权制度改革的依据和凭证，属国家（集体）所有。在维护国家（集体）利益，保守国家机密和企业商业秘密，防止档案散失，维护档案安全，有利于档案利用，切实维护企业经营管理的连续性，区别情况，依法、合理处置的原则下确定改制企业档案资源的归属。一是改制企业文书档案原则上归国家所有，为了保证改制企业生产经营管理活动的连续性，文书档案中部分生产技术管理和经营管理档案可由改制企业接收管理；二是基建档案、设备档案可随其实体，由改制企业接收管理；三是产品档案、科研档案以及涉及企业知识产权方面的档案，原则上列入国有资产一并转让,没有转让的应归国家所有;四是会计档案按照国家财政部和国家档案局制定的《会计档案管理办法》执行,原则上归国家所有;五是干部职工档案按照国家有关规定,由国家管理;六是未涉及的其他档案原则上归国家所有。

其次,解决了流向问题。明确了产权制度改革过程中改制企业档案资源的归属问题后,应当进一步明确改制企业档案资源的流向。第一种流向:有国家档案馆接收进馆。按照国家有关规定,列入国家档案馆接收序列,以及档案馆中已设立全宗的单位档案,应按有关进馆要求,及时向国家档案馆移交。第二种流向:向档案管理中心移交,除档案馆接收的企业档案以外的,统一由档案管理中心接收。第三种流向:由改制企业接收管理,如部分生产技术管理、经营管理类的档案及基建档案、设备档案。第四种流向:改制后国有股仍占大头的改制企业,档案原则上仍由改制企业保管和利用。第五种流向:是特例,档案归属国家所有,但改制企业目前仍急需利用,根据改制企业的要求,改制企业出具借条,暂借若干年,但要求其确保档案的安全与完整。国家有权对这些档案进行监督和检查,并有权随时终止暂借要求。

3. 管理体制问题

苏州市改制企业档案资源管理体制的建立,经历了三个发展阶段。一是产权制度改革初期的各自为政的管理体制。档案行政管理部门在没有先例和模式借鉴的情况下,为了确保产权制度改革进程中企业档案资源的完整与安全,及时同改制办联系,要求全市各改制企业在产权制度改革过程中保证档案不散失,同时改制办在审批改制企业程序中,档案的处置工作作为改制工作必不可少的一个重要环节来做好。苏州市委、市政府两办及时转发市档案局《关于产权制度改革中做好改制企业档案处置工作的意见》,确保了各改制企业档案资源管理的稳定和安全。二是鼓励和促成有关行业单独成立改制企业档案管理中心,形成一个行业集中管理所属改制企业档案资源的管理体制。原苏州市工业投资发展有限公司在市档案局和市国资委的支持下,于2004年2月率先成立了工投档案管理中心,并在原锦绣丝织厂厂址挂牌。工投公司及时注入巨额资金,根据档案馆建筑要求进行改造,安装了密集架、防火报警设备等,分三期进行改造,档案硬件设施基本到位。同时工投公司领导及时配备中心领导班子,选派了10多位在各企业中担任厂级领导的同志充实到中心,并聘用了20多位原各企业的档案人员对企业档案进行收集、整理、保管和利用,改制企业档案资源管理成绩显著。三是水到渠成,创新管理体系,成立全国首家改制企业档案资源管理中心苏州市工商档案管理中心。苏州市委市政府于2007年7月10日召开专门会议,召集相关部门,共同研究全市改制企业档案管理下一步发展规划,进一步理顺改制企业档案资源管理的体制问题。在这次会议上明确要求档案行政管理部门要坚持以科学发展观为指导,以开放式创新为理念,在"工投档案管理中心"的基础上,对全市改制企业档案资源进行集中统一管理,建立苏州市工商档案管理中心,构建具有苏州特色的改制企业档案资源整合的大档案格局。

4. 管理模式问题

庞大的改制企业档案资源的管理给档案行政管理部门带来了空前的挑战和机遇,变革的时代催生着新生事物的产生,苏州市在产权制度改革过程中,改制企业档案资源管理模式从"工投模式"向"苏州模式"华丽转身,是企业档案管理史上的创举。从中国档案学理论的创新和发展的角度,确立了苏州市改制企业档案资源管理模式在中国企业档案管理史上的地位和作用。"苏州模式"不仅是档案学理论不断探索和发展的结晶,同时也体现了档案工作者关注社会发展进程,准确把握社会转型期档案学理论建设和发展过程中的热点和难点,对中国档案管理体制改革、产权制度改革大背景下改制企业档案资源管理模式的创新,以及国家档案资源整合和开发利用等问题,"苏州模式"的创新,在档案界提出了独特的变革模式与学术思考。

5. 资源共享问题

改制企业档案信息资源就是在产权制度改革大背景下,国家所拥有的具有使用价值或潜在使用价值的原有国有企业(集体)在改制之前和改制过程中形成的全部企业档案信息的总称,是国家档案信息资源不可或缺的重要组成部分。在产权制度改革过程中,国家所拥有的具有使用价值或潜在价值的原有国有(集体)企业在改革之前和改革过程中形成的全部企业档案对其进行整合,并充分运用现代化管理手段,建立安全的网络环境,提供改制企业档案信息资源数字化服务空间,而建立的一种传递改制企业档案信息的一个实体或物理空间。也就是改制企业档案信息资源共享空间。只有构建档案信息资源共享空间,才能实现最优化的信息服务。构建改制企业档案信息资源共享空间是实现产权制度改革大背景下,合理整合和开发利用好现有改制企业档案信息资源的最佳模式和途径。在加快改制企业档案信息资源社会共享,构筑档案信息资源共享空间过程中进行了大胆的尝试,通过改制企业信息资源的整合形成了多个改制企业档案信息资源板块,即地方民族工业历史资源板块、企业文化资源板块、科技信息资源板块、和谐社会资源板块、休闲旅游资源板块等。为构建改制企业档案信息资源共享空间,建立知识信息资源、经济信息资源、科技信息资源、和谐社会信息资源等共享平台。

四、创新点及关键技术

(一)本研究项目的创新点

实现了中国企业档案管理史上的一个创举,建立了全国首家改制企业档案资源管理中心苏州市工商档案管理中心。

苏州市委、市政府为了进一步加强产权制度改革大背景下,全市改制企业档案处置工作,实行改制企业档案资源专业化管理,集中整合改制企业档案资源,大力提高政府资产使用效率,促进苏州档案事业的进一步发展,构建苏州大档案格局创造条件,在 2007 年 7 月 10 日召开的专门会议上,明确由市编办发文,在苏州市工投档案管理中心的基础上成立苏州市工商档案管理中心,统一管理苏州改制工商企业档案和应该集中统一管理的其他档案。明确苏州市工商档案管理中心为苏州市档案局下属财政全额拨款的正科级事业单位,人员编制为 60 人。中心的主要职能是:负责统一管理全市改制企事业单位档案及应该集中统一管理的其他历史档案、资料;负责对库藏改制企事业档案进行规范整理、编目、鉴定,对价值珍贵、破损严重的档案组织开展抢救、保护、数字加工等工作;负责改制企事业单位档案信息资源开发,为社会各界和职工个人提供查档服务;负责本市工业史料和相关历史资料的研究和编撰工作,负责相关档案史料陈列,展示本市民族工业、国有企业发展历史和重要成果;对部分委托民营企业管理的国有改制企事业单位档案进行跟踪监督、检查。

苏州市委、市政府高度重视档案事业的建设和发展,在妥善处置全市改制企业档案工作中,以《档案法》为准绳,高瞻远瞩,统揽全局,以高度的责任感和使命感,以苏州人的明智、远见、大气和气魄,为未来苏州档案事业的大档案格局绘制了蓝图,提供了舞台,创造了条件。

(二)本研究项目的关键技术

1. 筛选改制企业档案资源管理定位方式

随着改革的不断深化,国有企业档案资源的归宿方案为以下三种:第一种是企业档案由本企业永久管理;第二种是由国家综合档案馆对企业档案进行接收;第三种是建立一个专门保管一个地区的企业档案的档案馆或管理中心。苏州市档案行政管理部门在产权制度改革进程中,进行了积极探索和有益尝试,在对三种方案进行深入分析、比较利弊后,认为第三种方案是比较理想的,为随着改革的不断深入发展,改制企业档案资源何去何从指明了方向。所以,苏州市在建立苏州工投档案管理中心的基础上及时建立了全国首家改制企业档案中心即苏州市工商档案管理中心。

2. 探索改制企业档案资源集约化管理之路

借用现代企业管理的理念,对产权制度改革大背景下,改制企业档案资源采用现代企业管理的思想进行管理,借助政府档案行政管理部门、改制企业主管部门和改制企业的人力、物力、财力、管理手段等多种要素,进行统一协调和配置,对产权制度改革过程中,改制企业档案资源进行集中、统一处置,以安全、完整、共享为价值取向,从而达到集中统一,科学管理,高效利用,和谐共享,可持续发展的目的。

3. 建立改制企业档案资源管理的实体

一是改制企业档案资源保存的基地的选址的确定。选择了苏州古城文化园林博览区的齐门路,原苏州市锦绣丝织厂内,占地23亩,建筑面积2万平方米。二是资金的投入。原苏州市工业投资发展有限公司先后投入资金3000余万元进行库房改造和设备、设施的添置。奠定了保管档案所必备的功能齐全、环境优美、管理规范的基础条件。三是配备了相关的管理人员。四是在明确成立工商档案管理中心后,市委市政府又做出了一个重要的决定,投资1.5亿元在中心建造苏州市档案馆新馆,目前已正式立项,并在积极组织设计、论证和开工前的准备工作。

4. 确定改制企业档案资源整合方法

目前,档案管理中心接收的各类档案基本上都是抢救性接收的,由于很多企业长期处于关、停、并、转的状况,企业档案处于无人管理的局面,所以对改制企业档案资源的整合需采取各种方法进行。

(1)筛选的方法。由档案人员对接收的各类档案按照珍贵程度、价值大小、使用频率等方面,对档案进行合理筛选,使之去粗取精、去伪存真,保留改制企业档案中的核心内容。特别是一些本地区有影响的百年老厂、知名品牌、大型企业、传统特色企业的档案资源。

(2)鉴定的方法。由档案人员采取直接鉴定的方法,对每一卷企业档案的价值进行鉴定,区分保管期限,进行整理、组合,使每一企业的档案资源得到合理、有序的整合。

(3)全宗群管理的方法。在档案管理中心设置若干个全宗群进行档案资源的整合,如纺织系统全宗群、丝绸系统全宗群、工艺系统全宗群、轻工系统全宗群等,在每个全宗下设若干个全宗,每个企业作为一个全宗来进行整理和管理。

(4)研究性整理的方法。在建立档案管理中心之际,正值苏州市第二轮地方志编纂工作的全面铺开,续编工作已摆上议事日程。档案管理中心集中力量对改制企业档案资源中保存的大事记、厂史、厂志、纪念册等存史性资料进行摸底调查,并进行汇总、整合,抢救了一批无法再现的研究性、历史性的档案资源,为第二轮地方志编纂工作提供历史性、宝贵性的资料。

(5)采用现代化手段的方法。科学技术和信息化手段的不断发展,为档案资源整合创造了有利条件。档案管理中心在市档案行政管理部门的大力支持下,及时安装了档案管理软件,在各改制企业整理移交的过程中进行案卷目录、卷内目录的输入,建立目录数据库。另外档案管理中心采用多种手段对一些老企业原有的厂貌、厂址、历史建筑、设备、产品、样品等进行录像、拍照、制作光盘,把历史原貌保留下来,特别是一些土地置换的改制企业,有可能一夜之间不复存在了。

5. 实现了企业退休人员档案的集中统一管理

2004年4月,根据苏州市政府《关于苏州市区企业退休人员社会化管理服务工作实施意见》文件,要求从2003年起,用2~3年的时间,将企业承担的退休人员管理服务职能全部转移到社区,并将退休职工档案集中管理。根据市政府文件及劳动社保局的要求,档案中心重点组织开展对退休人员、无主、死亡人员的个人档案接收进馆并进行规范化整理工作。近年来积极开展退休人员档案利用工作,四年多时间里已接待了四千多人次的档案查阅,共调档3万余卷,为职工核准衔接工龄、办理遗产公证、职工亲属入党参军、户口转移等,提供了有效的原始凭证,维护了社会稳定,促进了和谐社会的建设。

6. 开展了抢救性的征集工作,成效显著

在整合改制企业档案资源的同时,积极开展抢救性的征集工作,抢救各改制企业的各种历史遗存显得极为迫切。为此,中心高度重视实物类档案的搜集、归类、整合、移交、征集,明确了实物类档案的范围:一是产品实物,包括各工业企业有代表性的产品和样本;二是反映工业企业历史的各类遗存实物,如厂牌、厂徽、产品商标、各类荣誉牌(杯)、证书等;三是与企业有关的领导人题词和名人字画等;四是其他应当抢救保存的实物档案。抢救性收集和征集了各类产品实物3000多件。其中,收集具有苏州特色的苏州丝绸产品实物样本8万余件。

7. 显现苏州民族工业历史足迹成果日益凸显

一是筹建工业档案史料展示陈列馆。编制的首期展示陈列方案先后修改了4次。展示陈列的框架和内容已初步确定,大体包括苏州市区民族工业的先声,工业企业名优特新产品,工业企业的变迁,党和国家领导人、中外名人与苏州市区工业等主题内容。运用了历史照片、档案史料、产品实物、CD、说明文字、活页翻版等六种展示陈列的手段。初选用于展示的历史照片1000多幅、档案史料1000多件、产品实物1000多件,已编撰各类文字4万多字。二是加快档案史料的编研出版工作进程。目前相继编纂了《记忆——党和国家领导人、中外名人与苏州市区民族工业》《璀璨的一页——苏州市区民族工业获国家金、银质奖产品档案史料选编》《变迁——苏州市区民族工业百年影像》《苏州市工商档案管理中心档案史料珍品选》等反映苏州民族工业历史的档案资料。同时,中心十分注重为今后的编研出版工作积累资料。目前已初步确定下一步编研出版的三个专题分别为:苏州市区民族工业之最(主要反映苏州市区手工业和近现代工业在世界、全国、全省的地位),苏州市区工业改革开放大事记(主要反映苏州市区近30年改革开放的历程)和苏州市区早期民族工业企业史料选编。

8. 创新和完善公共档案信息服务体系

在创新和完善公共档案信息服务公共档案信息服务体系中充分发挥主体之一企业的作用。企业是公共档案信息服务体系主体之一,企业具有很强的适应市场经济的能力,在公共档案信息服务的基础设施、具体产品的生产过程中具备比政府、档案行政管理部门更多的优势,具有承担公共档案信息服务的人力、财力和物力的能力。同时在构建公共档案信息服务体系的过程中引入先进的现代化企业管理理念和市场化经营方式,是创新和完善公共档案信息服务体系的重要手段和方法。

五、本研究项目取得的效果及体会

(一)取得的效果

(1)本研究项目所取得的成果均达到国家档案局科技项目计划任务书的要求。

(2)本研究项目所取得的成果于2007年6月13日到14日国家档案局在广东省广州市召开的全国国有企业改制档案处置工作研讨会上作了专题介绍。国家档案局李和平副局长就创新国有企业档案处置工作新模式,对苏州市建立改制企业档案资源管理中心的做法给予了充分的肯定和高度的评价。在谈到如何进一步做好国有企业改制档案处置工作时,李和平副局长提出了四点意见,其中第三点讲道:"三是创新管理模式。佛山市、苏州市组建的国有资产投资控股公司都成立了企业档案管理中心来集中管理所属改制企业的档案；南通市档案局成立企业档案保管利用中心，国有企业改制档案直接接收进馆，减少了接收和管理的环节；合肥市档案馆成立了破产改制企业档案寄存中心，所需经费由政府和投资公司承担；还有一些地方的国有企业改制档案由上级主管部门统一管理或托管。这些做法和经验值得各地参考、借鉴。"

（3）2008年7月国家档案局和中国档案学会在苏州联合召开2008中国苏州实现"两个转变"建立"两个体系"高层论坛会议，与会的领导和档案界学者50余人参观了苏州市工商档案管理中心，一致肯定了苏州在产权制度改革大背景下，整合改制企业档案资源，创新管理新模式，为全国改制企业档案资源管理提供了"苏州模式"。

（4）国家档案局领导和有关司的领导多次到档案中心考察指导。江苏省档案局韩杰局长六次亲临中心视察、指导。

（5）近年来，中央人民政府网站和国内20多家网站对中心的工作均作图文报道，《中国档案报》和《中国档案》《档案与建设》及《苏州日报》等多次报道，中心先后被国家档案局刊物《中国档案》评为2006年度全国档案界十大新闻之一、江苏省档案局刊物《档案与建设》评为江苏档案工作十件大事之一。

（6）中心已接待全国各地档案部门和其他单位学习参观60余批，计200余人次。

（二）一点体会

在本项目研究过程中，中心对改制企业档案的鉴定工作的研究还存在很多疑惑，希望档案界的学者和上级档案行政管理部门的领导和专家指导和赐教。另外，由于苏州市档案馆新馆即将在工商档案管理中心开工兴建，影响了整个项目研究的进程和整体成效，应当讲，该项目的研究还留有一些遗憾。

本项目的研究工作充分肯定了苏州市改制企业档案资源处置的做法和经验，从中国档案学理论的创新和发展的角度，确立了苏州市改制企业档案资源管理模式在中国企业档案管理史上的地位和作用。"苏州模式"

不仅是档案学理论不断探索和发展的结晶,同时也体现了档案工作者关注社会发展进程,准确把握社会转型期档案学理论建设和发展过程中的热点和难点,对中国档案管理体制改革、产权制度改革大背景下改制企业档案资源管理模式的创新以及国家档案资源整合和开发利用等问题,在档案界提出了独特的变革模式与学术思考。

参考文献

[1] 卜鉴民.企业档案管理史上的创举——对苏州市建立改制企业档案资源管理中心的思考[J].中国档案,2006(8).

[2] 周丽丽.国有改制企业档案管理研究述评[D].沈阳:辽宁大学,2014.

[3] 卜鉴民.以开放式创新理念完善和发展改制企业档案管理的"工投模式"[J].档案与建设,2006(10).

[4] 卜鉴民.改制企业档案资源集约化管理之路[J].档案与建设,2007(10).

[5] 卜鉴民.改制企业档案资源整合问题研究[J].档案管理,2008(4).

[6] 卜鉴民.从"工投模式"到"苏州模式"的现实意义——对苏州市建立改制企业档案资源管理中心的再思考[J].档案学研究,2008(8).

[7] 卜鉴民.改制企业档案资源管理"苏州模式"的破题与创新[J].广州档案,2009(12).

[8] 肖芃、虞平健、卜鉴民.苏州改制企业档案管理模式的探索与实践[J].档案与建设,2011.

[9] 朱亚鹏,卜鉴民.对现行会计档案保管期限问题的探讨[J].档案与建设,2008,07:53-54.

[10] 朱亚鹏,卜鉴民.国有集体改制企业会计档案价值鉴定问题思考[J].档案与建设,2013,01:66-67.

[11] 蔡盈芳.编制企业文件材料归档范围和管理类档案保管期限表(一)[J].中国档案,2015,03:28-29.

[12] 蔡盈芳.编制企业文件材料归档范围和管理类档案保管期限表

（二）[J].中国档案,2015,04:30-31.

[13] 蔡盈芳.编制企业文件材料归档范围和管理类档案保管期限表（三）[J].中国档案,2015,05:36-37.

[14] 刘金霞.民营企业档案工作研究[D].四川大学,2006.

[15] 欧其健.档案中介服务机构研究[D].四川大学,2006.

[16] 徐拥军,张斌.企业档案工作的困境与出路[J].北京档案,2007,11:11-14.

[17] 赖金垒.企业档案亟待鉴定[J].四川档案,2007,06:34-35.

[18] 宗培岭.企业档案的非资产性与企业档案工作的资产管理性[J].上海档案,1998,02:7-9.

[19] 金波.论企业档案利用工作[J].安徽大学学报,1999,02:122-126.

[20] 蔡盈芳.编制企业文件材料归档范围和管理类档案保管期限表（四）[J].中国档案,2015,06:32-33.

[21] 蔡盈芳.编制企业文件材料归档范围和管理类档案保管期限表（五）[J].中国档案,2015,07:22-23.

[22] 张涛.知识管理背景下企业档案管理模式[D].广西民族大学,2008.

[23] 张海敏.企业档案信息增值服务研究[D].苏州大学,2010.

[24] 苗菁.基于知识管理的企业档案管理模式研究[D].山西大学,2010.

[25] 蔡盈芳.规范金融企业业务档案管理——《金融企业业务档案管理规定》解读[J].中国档案,2015,08:28-29.

[26] 黄祎.长沙市企业档案的社会化管理模式研究[D].长沙:国防科学技术大学,2006.

[27] 闫静.国外三种企业档案管理模式探析[J].档案,2014,11:015.

[28] 徐拥军,张斌,舒蓉,王薇.美国企业档案馆的发展及其启示[J].档案学研究,2012,06:70-74.

[29] 吴开平,蔡娜.国外企业档案管理研究及启示[J].中国档案,2005(6):36-36.

[30] 梅谢琳娜·塔季杨娜.国家和市政财产私有化以及机构在破产清算过程中档案文件的管理[J].机电兵船档案,2004(2):9-10.

[31] 周丽丽.国有改制企业档案管理研究述评[D].辽宁大学,2014.

[32] 全世海,赵宗勤.产权转让企业档案工作现状及对策[J].湖北档案,1995(5):34-35.

[33] 魏雁飞.我国国有破产企业档案工作存在的问题及对策研究[D].辽宁大学,2013.

[34] 大谷明史,李向罡.日本企业的档案管理体制[J].档案学研究,1998,02:78-79,77.

[35] 魏丽平.企业商业秘密信息保护研究[D].四川大学,2006.

[36] 苏洁.企业档案工作与企业文化建设[D].四川大学,2006.

[37] 于春明.基于知识管理的企业档案开发利用研究[D].吉林大学,2007.

[38] 成永付.新时期企业档案管理体制、模式的建构[D].安徽大学,2007.

[39] 李佳妍.企业档案信息化探究[D].云南大学,2010.

[40] 姚爱婵.企业科技档案利用经济效益研究[D].广西民族大学,2010.

[41] 刘冰.民营企业档案管理模式研究[D].吉林大学,2011.

[42] 刘红莎.企业档案信息利用效益研究[D].河北大学,2011.

[43] 张淯.知识管理背景下民营企业档案管理信息化建设研究[D].南昌大学,2014.

[44] 陈苗.我国企业档案工作规范化进程分析及启示[D].湖北大学,2014.

[45] 路萍.企业档案信息化建设研究[D].湖北大学,2014.

[46] 纪新.转型期大型企业集团档案管理模式研究[D].天津师范大学,2008.

［47］付美玉.国有企业产权变动中的档案管理模式研究［D］.吉林大学,2008.

［48］陈海静.基于知识管理环境的企业档案工作研究［D］.苏州大学,2008.

［49］张海燕.企业档案的知识化管理策略研究［D］.苏州大学,2008.

［50］朱松涛.基于价值网的企业档案信息资源共享模式研究［D］.南昌大学,2013.

［51］罗琴.基于和谐管理理论的企业档案管理研究［D］.湖北大学,2013.

［52］肖静.现代企业制度下民营企业档案工作研究［D］.山东大学,2009.

［53］王华玉.基于知识管理的企业档案信息化建设研究［D］.北京交通大学,2009.

［54］杨蕾.基于战略管理的企业档案开发利用研究［D］.山东大学,2010.

［55］杨玥.我国档案事业管理体制研究［D］.安徽大学,2014.

［56］康旭冉.企业档案安全保障体系建设研究［D］.河北大学,2014.

［57］陈菲.民营企业档案管理模式研究［D］.广西民族大学,2013.

［58］张璟瑜.以效益为导向的企业档案工作评价机制初探［D］.湖北大学,2011.

［59］杨思.中小企业档案管理外包模式构建研究［D］.云南大学,2014.

［60］谭文君.经济发展与竞争全球化背景下的企业档案信息服务研究［D］.云南大学,2014.

［61］谭飞菲.企业档案人员成就动机的培育与激发［D］.湖北大学,2012.

［62］王尹芹.企业档案工作中的信息不对称现象及其改善［D］.湖北大学,2012.

［63］许凤风.我国档案业务外包研究［D］.安徽大学,2013.

［64］刘晓.国有企业体制改革中档案管理中心构建的探讨［D］.云南大学,2013.

［65］刘宏伟.H 企业固定资产投资项目档案管理［D］.南京理工大学,2010.

［66］陈丽萍.我国企业档案管理体制的发展与演变［D］.福建师范大学,2011.

［67］段雨泓.企业档案维权功能研究［D］.云南大学,2015.

［68］辛慧.档案服务中介机构发展研究［D］.山东大学,2012.

［69］沈晓容.我国档案中介机构的现状与发展研究［D］.福建师范大学,2012.

［70］赵霞.企业档案管理系统研究与实现［D］.天津大学,2012.

［71］孙艳芝.改制破产国有企业档案处置对策研究［J］.北京档案,2013,01：30－31.

［72］李建忠.企业档案资产所有权的界定及认定分析［J］.北京档案,2013,02：32－33.

［73］王淑改.信息时代企业档案管理工作实践研究［J］.北京档案,2013,02：25－27.

［74］于晓庆.企业档案资产属性及相关问题分析［J］.浙江档案,2013,01：54－55.

［75］郭静,毛灵芳.2000—2012 年企业档案与企业文化建设研究综述［J］.兰台世界,2013,14：13－14.

［76］冯英.论企业档案工作的创新与发展［J］.北京档案,2013,06：28－29,40.

［77］满粤虹.关于加强企业档案部门服务能力建设的思考［J］.兰台世界,2013,S2：84－85.

［78］张秋燕.对做好企业档案数据安全管理工作的思考［J］.北京档案,2013,05：26－27.

［79］居昳.如何正确认识和处理企业档案与地方史志的关系［J］.山西档案,2013,S1：143－144,146.

[80]戴立新.浅析应对企业档案安全保障之对策[J].山西档案,2013,S1:137-139.

[81]丁华东.企业档案经济效益的实质及其相关问题[J].中国档案,2002,04:25-27.

[82]张斌.对我国企业档案管理困惑的思考[J].北京档案,2007,02:13-16.

[83]李珍,张玉影.转型期的中外企业档案管理模式比较研究[J].兰台世界,2007,06:2-3.

[84]潘玉民,王明丽.论企业档案法制建设的基本规律[J].浙江档案,2007,07:42-43.

[85]罗军.论现代企业制度对企业档案工作的影响[J].上海大学学报(社会科学版),1999,06:106-108.

[86]沈晓雪,安宁.现行企业档案管理模式下的档案管理成本研究[J].档案与建设,2015,09:26-29.

[87]李颖.企业档案编研工作的路径选择[J].山西档案,2011,01:34-36.

[88]陆阳.中美企业档案管理工作比较:历史、现实与未来[J].浙江档案,2011,06:34-36.

[89]李妍.加强企业档案工作 促进企业文化建设[J].北京档案,2011,06:33-34.

[90]潘未梅,桑毓域.基于模糊模型的企业档案管理状况评价[J].档案管理,2011,04:8-11.

[91]杨彩云.浅议加强企业档案的管理[J].北京档案,2011,08:36.

[92]梁秋慧.企业档案社会化管理初探[J].档案管理,2011,05:37-38.

[93]陈栋玲.浅谈企业档案知识管理[J].档案管理,2011,06:89.

[94]朱倩.基于生命周期的企业档案信息资源整合研究[J].北京档案,2011,10:25-26,56.

[95]刘彦清.企业档案服务的新视角——以用户为中心,提供个性化

知识服务[J].北京档案,2011,10:27-28.

[96] 赵新国,周君.略论企业档案在企业文化建设中的地位与作用[J].档案与建设,2011,12:57-58.

[97] 李国民.企业档案信息化建设中存在的问题及其对策[J].档案,2011,05:59-60.

[98] 赵荒.企业档案利用效果定量评价方法探讨[J].北京档案,1996,07:25-26.

[99] 中国档案学会科技档案学术委员会.我国企业档案工作现状[J].档案学研究,1996,03:11-14.

[100] 古宁.企业档案资产:改革引出的话题[J].档案与建设,1997,01:17-19.

[101] 肖正德.关于企业档案资产性质的若干思考[J].档案与建设,1997,03:34-37.

[102] 翁元锋.企业档案资产的归属与评估[J].档案与建设,1997,04:30-32.

[103] 马素萍.关于国有企业档案资产及其特性探讨[J].档案与建设,1997,06:19-21.

[104] 潘连根."企业档案资产评估"质疑[J].档案与建设,1997,10:23-25.

[105] 陈生甫.必须重视企业档案人员素质的提高[J].档案与建设,1997,11:36.

[106] 梅先辉.对企业档案"资产性质"的质疑[J].档案学研究,1997,03:58-61.

[107] 姜学义.产权变动中的企业档案流向[J].中国档案,1997,03:26-27.

[108] 徐兰萍.企业档案部门如何为个人利用档案提供服务的思考[J].兰台世界,2009,04:34-35.

[109] 黄东霞,钟国文.制约我国企业档案资源开发的原因分析及其对策研究[J].兰台世界,2009,12:27-28.

[110] 乔振涛.对企业档案管理服务机关工作的思考[J].档案管理,2009,04:75.

[111] 刘承智,刘岚萍.基于资产确认标准的企业档案资产性质研究[J].兰台世界,2009,18:9-10.

[112] 夏振华.积极推进企业档案信息化建设[J].浙江档案,2009,09:54-55.

[113] 李兆明.企业档案简约管理实践概述[J].档案管理,2009,06:42-45.

[114] 毛灵芳.老字号企业档案的价值探析[J].中国档案,2014,02:56-57.

[115] 陈逸芳.做强企业档案护航"百年亨通"[J].档案与建设,2014,03:87-89.

[116] 丁国勇.现代企业档案管理体制研究与创新[J].兰台世界,2014,S2:92-93.

[117] 孙迎辉.新时期企业档案编研工作的探索与实践[J].兰台世界,2014,S3:90-91.

[118] 杜小汀.浅析我国企业档案管理外包业务[J].兰台世界,2014,17:66-67.

[119] 赵维超,樊英颖.基于实践视角的企业档案鉴定问题与对策探析[J].兰台世界,2014,20:48-49.

[120] 陈海平.基于招聘信息分析的企业档案人员职位需求研究[J].浙江档案,2014,11:20-22.

[121] 樊英颖.浅议我国中小企业档案管理模式[J].北京档案,2013,12:22-23.

[122] 晋爱萍.企业档案如何为企业文化建设服务[J].中国档案,2010,01:54-55.

[123] 祝光琴.充分利用改制企业档案为企业职工服务的思考[J].中国档案,2010,03:44,49.

[124] 张璟瑜.企业档案管理的绩效评价体系[J].山西档案,2010,

03：17－20.

[125]许岩.架起国家法规与企业实践的桥梁——《企业档案工作规范》释读[J].中国档案,2010,09：36－38.

[126]方燕平.国外著名企业档案网站建设情况分析——对建设我国企业档案网站的思考[J].档案与建设,2010,09：41－42,45.

[127]胡必坚,秦定龙.论企业档案转让营利及受让主体的规制[J].档案,2010,06：20－22.

[128]覃兆刿,张斌."自觉"、"自主"与"自我完善"——民营企业档案管理究竟应该选择怎样的模式？[J].档案管理,2008,06：4－11.

[129]王丽慧.民营企业档案工作研究中的热点问题[J].档案管理,2008,06：15－17.

[130]杨崇.中美企业档案管理工作之比较与分析[J].山西档案,2008,06：32－34.

[131]屈秀兰.应用人工智能技术开发利用企业档案资源的探讨[J].兰台世界,2008,04：19－20.

[132]马素萍.国有企业档案资产及其特性分析[J].北京档案,2008,03：24－26.

[133]卜鉴民.改制企业档案资源整合问题研究[J].档案管理,2008,02：55－56.

[134]宗培岭.市场经济体制下企业档案工作的历史经验依然值得重视[J].浙江档案,2008,10：13－17.

[135]王毅.企业档案管理体制改革思考[J].档案,1992,03：17－18.

[136]伊甸.再次涌动的春潮——各地贯彻国家档案局文件深入开展企业档案工作综述[J].档案工作,1992,04：26－28.

[137]彭明发.企业档案综合管理理论与实践的探讨[J].档案学通讯,1992,02：27－30.

[138]郑传喜.企业档案整体分类与编号问题的思考[J].档案学通讯,1992,03：28－30.

[139] 付全根,邸生寿.对巩固企业档案管理升级成果的探讨[J].档案学研究,1992,04:40-43.

[140] 计啸.企业档案整体分类理论研究[J].档案学通讯,1993,03:30-33.

[141] 乔健.企业档案档号模式探讨[J].档案学通讯,1993,05:37-39.

[142] 黄明儒.关于破产企业档案收集工作的理论初探[J].湖北档案,1993,02:44-46.

[143] 安华云.时间轴在企业档案管理中的应用[J].中国档案,2014,12:38-40.

[144] 杨一端,张静.简论企业档案管理[J].山西档案,2014,06:95-96.

[145] 王媛.新时期民营企业档案管理问题及解决对策[J].兰台世界,2015,02:86-87.

[146] 解伟娜.企业档案资产问题研究的现状及反思[J].兰台世界,2015,08:10-11.

[147] 成佳秀.新形势下企业档案展览工作浅议[J].北京档案,2015,03:32-33.

[148] 唐祖军.计算机背景下企业档案整理方法的改良[J].中国档案,2015,05:56-57.

[149] 王辉,聂威,刘芳.如何做好供电企业档案编研工作[J].兰台世界,2015,S2:51-52.

[150] 王淑改.企业档案网络信息安全管理初探[J].北京档案,2015,07:35-36.

[151] 张莉.企业档案自主管理下的政府职能[J].中国档案,2006,02:46-47.

[152] 蒋郁斯.试论企业档案的价值鉴定[J].兰台世界,2006,14:20-21.

[153] 娜嘉.加强企业档案管理 促进企业经济效益[J].兰台世界,

2006,16:35-36.

[154] 汤维英.结合分类原则 科学划分企业档案类别[J].档案与建设,1994,05:26-27.

[155] 沈丽华,张永慧.美国企业档案工作巡礼[J].档案学通讯,1994,02:64-67.

[156] 黎德贵.《工业企业档案分类试行规则》实施中的问题[J].档案学通讯,1994,03:32-33.

[157] 钱俊时.考察日本企业档案、情报和图书的现代化管理见闻[J].档案学研究,1994,01:75-79.

[158] 耿彩卜.浅谈企业档案的经济效益[J].煤炭经济研究,1994,08:57-59.

[159] 王世金,袁从仕.要树立企业档案资产观念[J].中国档案,1994,02:12-13.

[160] 陈云山.企业档案利用效果定量评价方法探讨[J].档案,1995,06:29-30.

[161] 黄世喆.关于企业档案概念外延部分的表述[J].广西民族学院学报(哲学社会科学版),1995,02:97-99.

[162] 黄小冬.基于用户需求的企业档案开发与利用[J].中国档案,2012,02:63-64.

[163] 吴绪成,万书军,丁洪,胡汉芳.企业档案信息安全策略简论[J].中国档案,2012,04:62.

[164] 关建丽.浅谈企业档案管理工作中的几点体会[J].山西档案,2012,S1:47-48,62.

[165] 庞如云.浅谈企业档案安全保障体系建设[J].山西档案,2012,S1:108-110.

[166] 汤宁.浅谈美国企业档案建设及启示[J].兰台世界,2012,23:4-5.

[167] 丁蕾.加强企业档案编研工作的思考[J].山西档案,2012,04:79-80.

[168] 郭华庚,汤才友. 发挥企业档案作用 服务企业文化建设[J]. 兰台世界,2012,S2：23－24.

[169] 王华. 企业档案信息化建设[J]. 兰台世界,2012,S2：27－28.

[170] 丁璇. 企业档案管理范式的转变[J]. 档案管理,2005,03：58－59.

[171] 宗培岭. 论建立二元企业档案工作管理体制[J]. 山西档案,2005,03：16－20.

[172] 宗培岭. 建立现代企业档案工作运行机制[J]. 档案管理,2005,06：27－30.

[173] 薛颖. 企业档案应如何进行分类[J]. 山西档案,2005,S1：74－75.

[174] 刘桂芳. 试论企业档案资产的产权界定与定价[J]. 山西档案,2005,S1：82－83.

[175] 阎云霞. 知识经济时代带给企业档案的机遇[J]. 山西档案,2005,S1：83－84.

[176] 周英. 企业档案管理的网络信息化及开发利用[J]. 安徽大学学报,2003,03：154－156.

[177] 张鸿业,周海炜. 企业档案与企业知识管理[J]. 档案与建设,2003,12：50－52.

[178] 广东省档案局.《广东省民营企业档案管理工作指引》[J]. 中国档案,2004,01：48.

[179] 石庆元. 企业档案资本要素浅析[J]. 档案管理,2004,01：14－16.

[180] 李扬新. 对"企业档案资产性"争论的反思与启示[J]. 四川档案,2000,06：17－18,20.

[181] 肖云,王红敏. 英国接收企业档案的原则和实践[J]. 中国档案,2000,10：50－52.

[182] 谢凌奕. 从科技档案到企业档案——从名称的演进看我国企业档案工作的发展[J]. 上海档案,2001,04：41－42.

［183］陈智为,金静. 浅议外贸企业档案的管理与利用［J］. 四川档案,2001,06: 16 – 17.

［184］Fode H, Fink J. The business records of a nation: The case of Denmark［J］. The American Archivist,1997: 72 – 86.

［185］O'Toole J M. The records of American business［M］. Society of Amer Archivists,1997.

［186］Rabchuk G. Life After the "Big Bang": Business Archives in an Era of Disorder［J］. The American Archivist,1997,60(1): 34 – 43.

［187］Core of Enterprise Information Resources Management——Enterprise Archive Work.

［188］Angelo Ferrari, Stefano Tardiola An archive of researchers and enterprises on cultural heritage in Italy［J］. Journal of Cultural Heritage.

［189］Edwin Green Multi-National, Multi-Archival: The Business Records of the HSBC Group［J］. The American Archivist, Vol. 60, No. 1, Special Issue on Archives and Business Records (Winter, 1997), pp. 100 – 110.

［190］Elizabeth W. Adkins. The Development of Business Archives in the United States: An Overview and a Personal Perspective［J］. The American Archivist, Vol. 60, No. 1, Special Issue on Archives and Business Records (Winter,1997),pp. 8 – 33.

［191］Kirsch D A. The Record of Business and the Future of Business History: Establishing a Public Interest in Private Business Records［J］. Library Trends,2009,57(3): 352 – 370.

［192］Farneth D, Nye B E. Managing Business Records and Archives at the Getty Center［J］. Information Management Journal,2005,(Mar/Apr).

［193］Chachage B, Ngulube P. Management of business records in Tanzania: an exploratory case study of selected companies［J］. South African Journal of Information Management,2006,8(3).

［194］Sanders R L. Personal Business Records in an Electronic

Environment[J]. Information Management Journal,1999,(Oct).

[195] Bennick A. Active filing for business records [J]. Arma International,2000.

[196] Tongish S. Archive drive [business data storage][J]. Information Professional,2005,2(2):34-38.

[197] Collet H. Enterprise Records Management Grows Up—and Becomes an Infrastructure Service[J]. AIIM E-DOC,2005,(7).

[198] Hooper M. How Enterprise Records Management Can Give You a Professional Edge[J]. Iq the Rim Quarterly,2010,26(1).

[199] Brett C,Queen P. Streamlining enterprise records management with Lean Six Sigma: process created by manufacturing can be applied to records management with substantial results. [J]. Information management journal,2005:39(6).

后 记

本书是在国家档案局经济科技档案业务指导司的关心和支持下,从实践角度对改制企业档案资源管理进行研究和探索,并将相关成果梳理完善编著完成的。

本书的编著得到了国家档案局经济科技档案业务指导司王雁宾司长、李晓明巡视员和姜延溪副司长的指导,江苏省档案局谢微、辽宁省档案局欧平、浙江省档案局许春芝、广东省档案局杨敏、苏州市档案局原局长肖芃、佛山市档案局余英杰、苏州市档案局谈隽和林忠华等也为本书提供了帮助。江苏省档案局、辽宁省档案局、浙江省档案局、广东省档案局、苏州市档案局、佛山市档案局对本书的前期调研工作给予了大力支持。中国人民大学信息资源管理学院院长张斌、苏州大学教授张照余、中国石油天然气集团公司副总经济师尚真、安徽省档案局标准化建设处处长胡华平、南通市企事业档案馆副馆长胡小雨、波司登控股集团公司档案馆主管谷旭丽等对本书内容提出了许多宝贵建议和意见。苏州市档案学会为本书的出版也提供了大力支持。在此一并致以诚挚的谢意。

本书由苏州市档案局卜鉴民、苏州大学吴品才负责结构框架设计,卜鉴民负责编著统稿,国家档案局经济科技档案业务指导司蔡盈芳、江苏省档案局欧阳旭明、苏州科技大学刘迁、苏州市工商档案管理中心朱亚鹏参与编写,苏州市工商档案管理中心朱亚鹏、陈鑫、吴芳、栾清照负责校对。本书作为江苏省档案人才"151 工程"成果的组成部分,对促进全省档案科研及档案人才培养工作具有推动作用和示范效应。

希望通过本书,在不断改革创新的过程中,建立和探索改制企业档案资源处置的新模式、新路子,为保护好和利用好国家企业档案资源,探索出可行的解决途径。

由于编著者的水平和学识有限,书中不当之处在所难免,敬请专家、读者赐教指正。